I0620129

Patricia E. Castillo Canales

Ellas, en la otra parte de la historia hondureña: 1824–1956

ERANDIQUE
COLECCIÓN

TEGUCIGALPA, HONDURAS, DICIEMBRE DE 2023

Ma. Victoria
Alvarado de
Bertrand

Francisca Fiallos
de Tosta

Ma. Gumercinda
Inestroza de Mejía

Josefa Celestina
Mijangos de Soto

Ana Lagos de
López

Ana Mateo
Arbizú de
Guardiola

Ma. Josefa Lastiri
de Morazán

Laura Vijil de
Lozano

María Laura
Barnes de Gálvez

Elena de Jesús
Castillo de Carías

Emma Sotera
Gutiérrez de
Bonilla

Teresa Morejón de
Bográn

ÍNDCE

NOTA DEL EDITOR

En este libro, la escritora Patricia Castillo Canales les hace honor a mujeres que fueron esposas o compañeras de presidentes, militares, estadistas, dictadores y diplomáticos que tuvieron (algunos más, otros menos), una fuerte influencia en la historia de Honduras.

Ignoradas por diferentes motivos, entre ellos, el machismo, los prejuicios, la falta de acceso a la información, la irresponsabilidad o simplemente la indiferencia, ahora se hace justicia gracias al esfuerzo investigativo de Castillo Canales.

Castillo Canales, quien es historiadora profesional, reivindica de esta forma el papel que estas mujeres jugaron como consejeras, apoyo y cómplices de grandes personajes.

¿Qué habría pasado en Honduras, por ejemplo, si el presidente Santos Guardiola hubiera atendido las súplicas de su esposa en lugar de abrir la puerta detrás de la cual se encontraba el conspirador que lo asesinaría de un balazo?

"No salgás, quedate en el cuarto", le dijo Ana Arbizú, esposa del mandatario, luego de que este se levantara de la cama, a las cinco de la mañana de aquel sábado 11 de enero de 1862.

El general Francisco Morazán posiblemente no habría alcanzado tantas glorias político-militares sin el apoyo de doña Josefa Lastiri. (¿No sería acaso, un buen tema para otra investigación de Patricia Castillo Canales?).

Sin duda de que esta obra, *Ellas, en la otra parte de la historia hondureña: 1824–1956,* formará parte de la bibliografía hondureña esencial.

Para Colección Erandique es un honor publicar un segundo libro de la historiadora Patricia Castillo Canales (*Familias de alcurnia* fue el primero), que viene a ayudar en nuestro objetivo de reconstruir la memoria histórica de Honduras. ¡Espero que lo disfruten!

Óscar Flores López
Editor Colección Erandique

PROEMIO

Este es un trabajo referencial, biográfico e histórico enfocado en brindar algunos datos de interés sobre esas mujeres que soportaron y sufrieron las peripecias militares, los vericuetos e intrigas políticas de aquellos que buscaron, mediante sus ideologías conservadoras o liberales, hacerse de los destinos del país. Esos personajes que cambiaban de bando según sus intereses personales, todo por alcanzar el más alto cargo público como lo es la presidencia de la República.

El espacio temporal en que se ubica, abarca desde los primeros años de la república hasta las dos primeras administraciones de la segunda mitad del siglo XX.

El objetivo principal es identificar dentro de la historia, a las mujeres que compartieron días de peligroso combate, y que, al estar al lado de esos hombres, muchas veces quedaron a la sombra de sus acciones.

El largo camino de las mujeres en la historia hondureña no ha sido fácil, y no por haber logrado el derecho al sufragio mediante el decreto ley No. 29 del 24 de enero de 1955, es que alcanzaron la plenitud de sus derechos civiles/políticos/humanos. Pues, hoy como ayer, aún se considera que la mujer no tiene las capacidades necesarias para desenvolverse en la vida pública, mucho menos en política.

Al haber revisado los registros civiles, vemos cómo en el caso de las mujeres, todas se encuentran etiquetadas con la frase *oficios domésticos*, dato que nos indica la escasa o nula educación recibida por las féminas de esos tiempos, aunque algunas supieran leer y escribir, pero esa habilidad la habían recibido en el seno de sus hogares.

La región centroamericana en general estuvo inmersa en una difícil situación política en los años posteriores a la Independencia. Honduras no fue la excepción. Pues esta fue un campo fértil donde imperó la anarquía promovida por los intereses sectarios de caudillos políticos representados por suegros, yernos, abuelos, padres, tíos, hermanos, cuñados, concuños... las diferentes fuentes documentales revisadas así lo confirman.

También se expone en este texto otro elemento interesante, y es cómo a través de las diferentes relaciones familiares se ligaron intereses políticos y económicos para moldear y remodelar la patria según sus intereses.

La historiografía relacionada a las hazañas y quehaceres masculinos en un momento histórico determinado dentro de la política hondureña es abundante, todo lo contrario, sucede en el caso de las mujeres y sus familias, pues la información es escasa o nula. Hace falta mucha información sobre la vida familiar de estos hombres que, aunque por unas cuantas horas e incluso unos pocos días o meses, se hicieron cargo del ejecutivo.

Mucho se ha escrito sobre su accionar en público, pero más allá de eso no hay mucha información. Como si fueran seres exentos de una relación familiar, aunque casi podría comprenderse pues las constantes guerras en las que se vieron involucrados no lo permitían.

Un elemento que confirma lo anterior es la cantidad de hijos procreados en tiempos de paz dentro del matrimonio, no así en tiempos de guerra que, aunque continuó habiendo hijos, estos eran producto de diferentes madres. Hijos, algunas veces reconocidos legalmente. Para intentar completar la información, se han explorado todas las fuentes disponibles que nos pudieran indicar los nombres correctos y completos de estas mujeres, a que familias pertenecieron, quienes fueron sus antepasados y descendientes, si los tuvieron, y todo lo que nos pueda orientar sobre su vida en el momento histórico que les tocó vivir al lado de sus esposos o compañeros de hogar.

Porque ellas siempre han estado presentes en la historia, no solo como grandes señoras sino también como combatiente, resignadas y sacrificadas soportando los actos de sus maridos y como receptora de los deseos de sus amantes.

Aparte de la documentación física, se han obtenido algunos datos en la red, entre ellos, sitios como Ancestry®; Family Tree, Genealogy & Family History Records en https://www.ancestry.com; Family Tree & Family History at Geni.com en https://www.geni.com; Search Genealogy and Search Family History en https://www.geni.com/surnames/search.

En la investigación de este libro también fue de gran importancia el sitio del Registro Civil de Honduras-FamilySearch Wiki https://www.familysearch.org/es/wiki/Registro_Civil_de_Honduras en el que se encuentra bastante información relacionada a los nacimientos, bautizos, matrimonios y defunciones contenidos en los registros civiles, parroquiales y diocesanos en diferentes años. Y en el que, además, se pueden confirmar fechas de tales acontecimientos, así como el nombre completo de las personas de interés. Datos que muchas veces no coinciden con algunos encontrados en varios documentos consultados y que se han estado repitiendo a través de los años.

El contenido se ha ordenado de forma alfabética, considerando el nombre de las esposas o compañeras a quienes queremos conocer y reconocer, seguido de algunos datos familiares cuando ha sido posible obtenerlos, con algunos breves y relevantes datos de las funciones públicas de sus compañeros de hogar. **Al estar ordenado de la forma ya descrita, no es nuestra intensión historiar los acontecimientos políticos y militares generados durante el período en cuestión, pues de ellos se ha escrito bastante.**

Se busca destacar y conocer más sobre quienes, por su condición de mujer, fueron consideradas, desde la colonia española y en los primeros años republicanos como miembros familiares de segunda categoría, excluidas del sistema legal. Orilladas a la crianza de los hijos y mantenimiento del hogar.

Y, sin embargo, fueron ellas la piedra angular de cada hogar fundamento de la sociedad. Tampoco podemos obviar el hecho de que estos hombres pudieron haber sido influenciados por sus ideas

y sentimientos políticos, en la intimidad de su hogar legalmente establecido o del otro hogar.

No queremos llamarlas "primeras damas" como ahora se estila porque es un título importado. A ellas, en los últimos años y hasta la actualidad se les ha dado cierta representatividad como encargadas de coordinar ayudas humanitarias, actividades sociales o filantrópicas.

Pero que también desde esta plataforma y desde antes, han abusado y excedido en sus funciones y en el manejo de los fondos públicos. Las mujeres a quienes nos referimos en el presente documento, se supone que no tuvieron injerencia política, ni fueron tentadas por las mieles del poder o por el protagonismo. Eso lo veremos en el desarrollo del mismo.

Entonces, para evitar el término antes mencionado, las llamaremos "protagonistas". Pues ellas también fueron parte de la historia y contribuyeron a formar, a través del matrimonio y otras relaciones, familias cuyos miembros fueron parte de los procesos políticos-militares y del poder del cual disfrutaron por igual.

LA AUTORA

...¿ha terminado la participación de la mujer en los grandes acontecimientos políticos, económicos y sociales...? la participación de la mujer en la solución de problemas [...] no ha terminado...

María Trinidad del Cid.

...así va la mujer hondureña, escalando peldaños de una altura insospechada aún. Así va proyectándose hacia el futuro, con toda la potencialidad de su ser interno. con toda la grandeza de su alma de mujer...

Olimpia Varela y Varela.

LAS PROTAGONISTAS

ANA LAGOS LAÍNEZ

Ana nació en Choluteca en 1870 y falleció en Tegucigalpa el 11 de febrero de 1960. Fue la hija de Marcial Lagos (Marcovia, Choluteca 1844-) y Eufracia Ana Laínez Montes (Marcovia, Choluteca 1843-Guatemala, 17 febrero 1943).

Contrajo matrimonio a los 26 años con el militar de 41 años, Rafael Salvador López Gutiérrez "Pacán", el 15 de abril de 1896. Tuvieron como padrinos de boda a Policarpo y César Bonilla y Alberto Uclés[1]. Fueron hermanos de Ana: César (1866-), Filomena (13 julio 1869-), María (1870-1944), Antonio Ramón (1871-), Mena (1874-), Delfina (15 abril 1877-), Marcial (1880-) y Carlos (1881-1974) Lagos Laínez[2].

Nació Rafael Salvador el 28 octubre 1854 en la ciudad de Tegucigalpa, murió en la misma a los 70 años, el 10 de marzo de 1924.

Su viuda salió de Tegucigalpa hacia El Salvador, posteriormente residió en España donde fue nombrada vicepresidenta de la Liga Internacional de Mujeres Ibéricas e Hispánicas[3], organismo que buscaba la participación de las mujeres por el bien del hogar y la patria. En 1933 se trasladó a Arizona, Estados Unidos. Murió Ana en Tegucigalpa los 90 años[4].

Fueron los padres de Rafael Salvador, el General Juan Francisco López Aguirre (1810-1882), quien también de manera interina, ocupo el Ejecutivo del 27 abril al 21 noviembre de 1867, y Soledad de Jesús Gutiérrez Lozano, tía de la esposa de José Policarpo Bonilla Vásquez.

El hermano de Rafael Salvador fue José Antonio López Gutiérrez (1847-1922), él se casó con Josefina Ulloa Morazán, la hija de Cruz

Ulloa y Adela Morazán Lastiri. Fue José Antonio un comerciante y diplomático, ministro de Relaciones Exteriores (1893), de su autoría son los ensayos *Importancia de los Partidos Políticos* (1888), *Ideas Filosóficas* (1906), *Sobre la paz y la guerra* (1920). Miembro fundador de la Academia científico-literaria de Honduras (1888), codirector del diario La Prensa en 1890[5].

Ocupó Rafael Salvador los siguientes cargos: interventor de la Casa de la Moneda (1897-1899), el Ministerio de Guerra (1909-1911), la Gobernación Política de Tegucigalpa (1919-1920), la presidencia de la República (de facto 1919) y constitucionalmente de 1920 a 1924. En su discurso, al asumir el cargo dijo que su administración no estaría basada en ideales políticos. Pero en su gobierno hubo corrupción, ambiciones personales, desorden administrativo y toda la parentela presidencial y allegados se aprovecharon de los recursos del Estado.

De su gobierno, Paulino Valladares expresó: *López Gutiérrez dejó que su mujer, sus cuñados y toda la cáfila de hombres públicos que en torno de aquellos se improvisaron, hicieran y deshicieran cuanto quisieran*[6].

Igual o peor concepto tuvieron los extranjeros magnates bananeros al expresar que... *la corrupción de los políticos (empezando por la pareja presidencial) ... y la familia del presidente, transitan a diario nuestras oficinas a cambio de incontables privilegios y favores; tantos... que a veces me siento enfermo*[7].

Para Helen Umaña esa es una fuerte crítica a la realidad social y política del país, expuesta en la novela histórica y de denuncia social de Juan Alger[8].

La situación política no fue la más tranquila debido al levantamiento armado de varias facciones. Aun así, en esos cuatro años de gobierno se emitió el tercer Código de Instrucción Pública, se abrió la facultad de Ingeniería en la Universidad de Honduras, se firmó contrato con la Honduras Petroleum C[o.] para el tramo carretero Siguatepeque-Taulabé-Lago de Yojoa, se extendió contrata a la New

York and Honduras Rosario Mining C°. por 25 años, se establecieron becas de estudio para jóvenes en la isla de Cuba, se adquirieron los primeros aviones para el transporte de carga, correspondencia y pasajeros. Las incipientes organizaciones obreras protagonizaron en las plantaciones de la Vaccaro Bros. C°. un movimiento huelguístico obligando al gobierno a establecer el estado de sitio en la zona Norte.

En 1922 se instaló el Congreso Obrero Hondureño, ese mismo año se fundó el Partido Comunista de Honduras. Se dieron también los primeros pasos para el reconocimiento territorial de Honduras sobre Las Islas del Cisne o Santillana, pero fue hasta 1972 que se concretó el mismo.

En abril de 1923 hubo convocatoria a elecciones, pero ninguno de los candidatos alcanzó mayoría absoluta, y ante la incapacidad del Legislativo de declarar un ganador, en diciembre de ese año mediante decreto No. 30, se estableció el estado de sitio y a través del decreto No. 1, del 31 de enero de 1924, López Gutiérrez asumió todos los poderes del Estado[9].

ANA MATEO ARBIZÚ FLORES

Nació en San José de Yuscarán, El Paraíso 21 septiembre 1825. Falleció en Tegucigalpa el 30 noviembre 1903).

Ana Mateo y sus hermanas Mariana (1825-1892) y Trinidad (1829-) fueron hijas del alcalde de San José de Yuscarán, Calixto Arbizú Vizcaya (1800-) y Santos Flores (-26 marzo 1854). Ana está considerada como la primera *poetisa hondureña*[10]. Dedicó algunos poemas a la muerte de su padre e hija.

Se casó Ana a los 22 años, el 30 de marzo de 1847[11] con el militar José Santos Guardiola Bustillo de 31 años (San Antonio de Oriente, Francisco Morazán, 1 noviembre 1816-Comayagua, 11 enero 1862). José Santos era uno de los hijos de la unión entre Juan Ignacio Esteban Guardiola Amorós (1779-1835) y Bibiana Bustillo (1796-1873). Una de las hijas de José Santos y Ana Mateo fue María Genoveva "Veva" Guardiola Arbizú (1858-1926) quien se casó con Tomás Cirilo de la Caridad Estrada Palma (1832-1908) que fue el primer presidente de Cuba.

José Santos también fue medio hermano de Anastasio Guardiola Lagos (1817-1889), quien al casarse con María Ricarda Cubas (1833-1929) procrearon, entre otros al escritor e historiador Esteban Guardiola Cubas (1869-1953), sobrino de José Santos.

Su madre Bibiana Bustillo, de una relación anterior había procreado a Marta Bustillo, y ella al casarse con Román Vallejo Soto (1814-) fueron los padres de Mateo y Antonio Ramón Vallejo Bustillo (1844-1914).

Ocupó José Santos el Ministerio de Relaciones Exteriores (1848-1850), fue electo presidente constitucional por dos períodos: del 17 de febrero de 1856 al 7 de febrero de 1860, reelecto a partir de esa fecha hasta el 11 de enero de 1862 cuando fue asesinado. En su gobierno se recuperaron las Islas de la Bahía y la región de La Mosquitia, en posesión de Gran Bretaña, mediante el tratado Lennox Wyke-Cruz firmado el 28 de noviembre de 1859. En el tratado se estipulaba, entre otras cosas, que los habitantes de estas regiones tendrían libertad de culto, acto que incomodó a la Iglesia católica por ir en contra de sus dogmas. El vicario Miguel del Cid se manifestó en contra y a él se le unieron otros padres e incitaron al pueblo a una revuelta (conocida como la rebelión de los curas), del Cid excomulgó al presidente Guardiola. Sin embargo, con fecha 5 de enero de 1861 el presidente Guardiola prohibió la publicación de tal castigo, el cura fue expulsado del territorio.

También, su gobierno se enfrentó a las fuerzas invasoras de William Walker (1824-1860) que se había autoproclamado presidente de Nicaragua el 12 julio de 1856, pretendiendo posteriormente apoderarse de la región bajo la influencia doctrinaria del destino manifiesto[12].

APOLINARIA VÁSQUEZ AYALA

Juticalpa, Olancho, 1810-1895. Fueron sus padres Juan Nepomuceno Vásquez (1785-) y María Dolores Ayala (1786-) originarios de Juticalpa, Olancho. Se casó Apolinaria con el ganadero y abogado Felipe Bustillo, nació Felipe en Juticalpa, Olancho en 1807 y murió a los 85 años en la misma en 1892. Apolinaria y Felipe fueron los padres de María Josefa Dolores (12 mayo 1834-), Nicolasa de Jesús (1833-7 marzo 1908), Juana de Jesús Ramona (1833-) y Francisca Bustillo Ayala (1830-) casada el 5 de mayo de 1857 con Guillermo Buchard[13].

Francisca y Guillermo fueron los abuelos de María Victoria Alvarado Buchard, la esposa del presidente Francisco Bertrand Barahona. María Josefa Dolores se casó con Santiago Cerna Cerrato, hijo de Carlos Cerna y Margarita Cerrato. Mientras que Nicolasa se casó con Adán Zelaya y procrearon a Amelia, Felipe y Próspero Zelaya Bustillo. Amelia contrajo matrimonio con Luís Suárez Araya (11 agosto 1867-29 septiembre 1923) y fueron los padres de Rosa Amelia, Dolores, Graciela y de la poetisa Clementina Suarez Zelaya (Juticalpa, Olancho 1902-Tegucigalpa 1991)[14]. Por lo tanto, Apolinaria y Felipe fueron los bisabuelos de Clementina.

Con Josefa Rafaela Chirinos, Felipe procreo a María Dominga Chirinos Bustillo (1825-)[15], ella se casó con Jorge Bonilla y fueron los padres de Trinidad Valentina, Jorge y Manuel Bonilla Chirinos (Juticalpa, 7 junio 1849-21 marzo 1913)[16]. Felipe Bustillo fue abuelo del General Manuel Bonilla Chirinos.

13

Francisco Ferrera decía *"Tata Felipe" la mitad del tiempo duerme, y la otra mitad no hace nada*[17]… Felipe fungió como vicepresidente en la administración presidencial de Juan Nepomuceno Lindo Zelaya, ocupó la presidencia por deposito del 10 de julio al 8 de diciembre de 1848, también formó parte del movimiento unionista del General Cabañas Fiallos y fue diputado a la Constituyente en 1852.

A decir de Medardo Mejía, *don Felipe aparecía en escena pública por voluntad de doña Apolinaria. Don Felipe regresaba a la vida privada por mandato de doña Apolinaria. En la vida privada aquel hombre manso y bueno cuidaba sus haciendas y llevaba en persona grandes partidas de ganado a Guatemala...en aquel ir y venir de Guatemala, don Felipe iba llenando el camino de felipitos*[18]….

CAMILA JOSEFA RODRÍGUEZ
Y RODRÍGUEZ

(Tegucigalpa 24 julio 1873-). Se casó Camila Josefa a los 23 años, el 21 de noviembre de 1896 con el abogado y militar Miguel Ángel Oquelí Bustillo, de 37 años (Tegucigalpa, 28 enero 1859-8 abril 1938), viudo de su hermana María Purificación Rodríguez (1869-1892)[19]. Con ella se había casado el 10 de mayo de 1884. Fueron los padres de Camila Josefa y María Purificación, Exequiel Rodríguez (1839-) y Mercedes Rodríguez (1843-1888)[20], padres también de Mercedes Agustina, María Asunción y Dolores Ramona.

Miguel Ángel fue hijo de Marel Oquelí (1836-) y Andrea Bustillo (1839-16 febrero 1899)[21]. Tanto Camila Josefa y María Purificación con Miguel Ángel, fueron los padres de Miguel Ángel (1885-1889), Camila (1897-), Ramón (1903-), Marco Exequiel (1905-), José Ernesto (1908-) y María Purificación Andrea Oquelí Rodríguez (1892-1985) casada con Miguel Ángel Carías Varela.

Fue Miguel Ángel catedrático y secretario general de la Universidad de Honduras (1887-1888), alcalde de Tegucigalpa (1892), director de correos (1894), fue presidente de la Corte Suprema (1899), ministro de Hacienda (1907-1909), presidente provisional del 25 de febrero al 18 de abril de 1907 y presidente del Congreso Nacional (1923-1924). Perteneció al Partido Liberal desde 1890, fue también miembro fundador del Colegio de Abogados. Presidente de la Sociedad literaria *Juventud Hondureña*, vicepresidente del Club Estrada Palma, organismo fundado en apoyo de la Independencia de Cuba.

Se opuso vehementemente al tratado Bryan-Chamorro (1914) según el cual, entre otras cosas, el gobierno nicaragüense concedía:

1) *... a perpetuidad al Gobierno de los Estados Unidos, libre en todo tiempo de toda tasa o cualquier otro impuesto público, los derechos exclusivos y propietarios, necesarios y convenientes para la construcción, operación y mantenimiento de un canal interoceánico por la vía del Río San Juan y el Gran Lago de Nicaragua o por cualquier ruta sobre el territorio de Nicaragua (...) cuando el Gobierno de los Estados Unidos notifique al Gobierno de Nicaragua su deseo o intención de construirlo...*

2) *...para facilitar la protección del Canal de Panamá* daba en arriendo por 99 años *las islas en el mar Caribe conocidas con el nombre de Great Corn Island y Little Corn Island* y concedía, también por 99 años, *el derecho de establecer, operar y mantener una base naval en cualquier lugar del territorio de Nicaragua bañado por el Golfo de Fonseca, que el Gobierno de los Estados Unidos elija*[22]...

DAMIANA JOSEFA GÁLVEZ SALGADO

Tegucigalpa, 28 octubre 1836-10 enero 1891. Hija de Juan de Dios Gálvez y Leona Josefa Salgado[23]. Casada en 1862 a los 16 años, con el abogado Crescencio Gómez Valladares, de 29 años (Tegucigalpa, 19 abril 1833-9 mayo 1921). Hijo de Juan Bautista Gómez Rodríguez y María Santos Valladares. Damiana y Crescencio fueron los padres de Mercedes de Jesús (1863-), Quirino de Jesús y Juan Francisco Gómez Gálvez (1857-) casado en 1881 con Felipa García Rodríguez (1860-).

Fue Crescencio, alcalde de Tegucigalpa (1857), ministro de Hacienda y Guerra (1865), ministro del Interior (1869-1870), designado presidencial (1870-1872), diputado por el departamento de El Paraíso (1880), magistrado propietario y presidente del Tribunal Supremo de Justicia (1881-1883 y 1887-1892), ministro de Fomento (1888-1891), ministro de Relaciones Exteriores (1890) y Fiscal General entre 1903 y 1907. Recibió la presidencia en calidad de depósito del general José María Medina Castejón en cuatro ocasiones: del 15 de mayo al 1 de septiembre de 1865, del 2 de octubre de ese mismo año al 16 de febrero de 1866, del 5 de abril al 16 de julio de 1872 y del 13 de junio al 12 de agosto de 1876. Año último en que, ante las presiones externas, Gómez devolvió el poder al general Medina para que luego Medina lo entregara a Marco Aurelio Soto mediante decreto del 21 de agosto de ese año.

ELENA DE JESÚS CASTILLO

Tegucigalpa 21 julio 1879-15 mayo 1958. Fue la madre de Elena de Jesús, según su partida de nacimiento *hija natural de Narcisa Castillo*[24]. Elena de Jesús se casó a los 24 años, en 1903, con el abogado, catedrático y militar Tiburcio Carías Andino (Tegucigalpa, 15 marzo 1876-Tegucigalpa, 23 diciembre 1969). Tiburcio y Elena de Jesús fueron los padres de Tiburcio (1906-), José Gonzalo (7 abril 1908-1966) casado con Aurora Bermúdez Velasco, Marta Beatriz (1915-1986) casada en 1937 con Mauricio Claudio Rosal[25] y Visitación Elena (1918-) Carías Castillo.

Fueron los padres de Tiburcio, Calixto Carías Galindo (1837-1914) y Sara Francisca de Paula Andino Rivera (San Buenaventura, F.M. 15 enero 1848-Tegucigalpa 21 junio 1913)[26]. Ellos también fueron los padres de José María Mercedes (1869-), Calixto de Jesús (1871-1892), José Ángel Gonzalo (1885-1885), Miguel Ángel (1885-1886), Pedro Gonzalo de Jesús (1881-), Eduardo, María Luisa, María Sara Visitación de Jesús (1878-), José Marcos (1873-1924) y María Petrona (1891-) Carías Andino[27].

Fue Tiburcio comandante de armas (1905), gobernador político de Copán (1907) y de Cortés (1909), presidente provisional del 9 de febrero al 28 de abril de 1924, presidente del Congreso Nacional (1926-1931), presidente constitucional (1933-1936). Este último año fue derogada la constitución de 1924, la nueva carta magna permitió se extendiera su mandato por seis años. Lo mismo se hizo en 1940 y Carías permaneció al frente del Ejecutivo hasta enero de 1949. Fundó en su gobierno la escuela Normal Rural de Varones (1923), la Escuela Militar de Aviación (1933), la Escuela de Bellas Artes (1940), la escuela Básica de Armas (1946) y otras. Fiel aliado de las compañías fruteras, reprimió fuertemente las manifestaciones obreras generadas en sus plantaciones. Posteriormente fue nombrado magistrado de la Corte Segunda de Apelaciones de Tegucigalpa (1960).

En 1942, Elena de Jesús inauguró el edificio de la Cruz Roja Hondureña, su hija Marta Beatriz era la vicepresidenta de la organización, y para el período 1945-46 fungía como presidenta de la misma. Laura Barnes de Gálvez actuaba como vocal 2º de esa entidad benéfica.

EMMA SOTERA GUTIÉRREZ LARDIZÁBAL

Tegucigalpa 15 mayo 1873-Neva Orleans EUA. 20 julio 1948).

Emma Sotera era hija del abogado Carlos Enrique Gutiérrez Lozano (1829-11 septiembre 1883) y Raquel Lardizábal (1849-)[28].

Las hermanas Gutiérrez Lardizábal fueron primas hermanas de José Antonio (1847-1922) y de Rafael Salvador López Gutiérrez (1854-1924). Emma Sotera se casó a los 27 años, el 28 de septiembre de 1900 con el abogado José Policarpo Bonilla Vásquez de 42 años (Tegucigalpa el 17 de marzo 1858-Nueva Orleans 11 de septiembre de 1926).

Hijo de Inocente Bonilla Jirón (1825-1865) y Juana María Vásquez Díaz. Las hijas del matrimonio Bonilla Gutiérrez fueron María Emma del Socorro y Juana María Vicenta Bonilla Gutiérrez casada con Venancio Callejas Lozano (1886-1947), hermano del abuelo de Rafael Leonardo Callejas Romero, presidente de Honduras (1990-1994).

José Policarpo fue gobernador político de Tegucigalpa (1883-1884), diputado (1887), ministro de Gobernación (1893-1894), presidente de Honduras (1894-1899). Nuevamente electo diputado por el departamento de Copán para el período 1903-1904, ministro plenipotenciario en México (1917-1919) y presidente de la Asamblea Constituyente en 1921. Fundó el partido Liberal de Honduras en 1891.

Al cumplirse el primer aniversario de su muerte, se publicó en Ahuachapán, El Salvador un *Homenaje fúnebre Doctor Policarpo Bonilla*[29], esta obra es una compilación de las emotivas notas de pesar por su fallecimiento.

Cuando en su época se discutió el voto femenino, Bonilla expresó:

...yo también estoy por el voto femenino, pero con ciertas limitaciones. Yo tengo gratitud inmensa para la mujer hondureña: en todas mis luchas ella me ha acompañado, ha sido mi sostén y si llegué a la presidencia de Honduras fue por su influjo[30]...

FRANCISCA FIALLOS INESTROZA

Era Francisca hija de Raimundo Fiallos Perla y Saturnina Inestroza[31]. Nació en Jesús de Otoro, Intibucá, el 2 de abril de 1885. Falleció en 1954. Se casó el 6 de mayo de 1911 a los 26 años con Vicente Tosta Carrasco (Jesús de Otoro, Intibucá 27 octubre 1885- Tegucigalpa, 7 agosto 1930)[32], fueron los padres de Carlos Alberto (1912-1995), Francisca Julia (1914-1951), Pedro Vicente (1911-1985), María Concepción (1919-), José Vicente (1925-), Rosalía (29 julio 1923-) y Miguel Tosta Fiallos.

Con Francisca Inestroza, Vicente tuvo a María Concepción Tosta Inestroza y con Julia Tábora procreó a Gilberto Tosta Tábora (Santa Rosa de Copán 1924-New Jersey, USA 2012). Vicente era hijo de Pedro Tosta López y Arcadia Carrasco Paz. Sus abuelos paternos fueron Francisco Tosta Matute y María Benitez Hernández López.

Fue Vicente un militar y comerciante que fungió como ministro de Guerra y Marina, Fomento y Agricultura (1919-1920), gobernador del departamento de Copán (1921-1923), presidente de Honduras del 30 de abril de 1924 al 1 de febrero de 1925. Posteriormente fue nombrado ministro de Aviación, Guerra y Marina (1925-1929) y ministro de Gobernación, Justicia y Sanidad entre 1929 y 1930, falleció a los 45 años.

GUILLERMINA "MINA" LEIVA CASTRO

Guillermina nació en 1862. Era una de las hijas de Ponciano Leiva Madrid y María Luisa de Jesús Castro Acosta. "Mina" se casó con Francisco Bográn Baraona (Pinalejo, Santa Bárbara 1857-Nueva Orleans, EE. UU., 7 diciembre 1926), fueron los padres de María Concepción (1897-), María Mercedes (1899-1975), Benjamín Ponciano (1901-1925), Francisco (1905-) y de Samuel Francisco Bográn Leiva (1891-)[33] él se casó en 1930 con su prima Francisca Feliciana Paz Leiva, la hija de Miguel Paz Baraona y Mariana Leiva Castro.

Guillermina "Mina" fue cuñada de Luís y Miguel Paz Baraona, pues sus hermanas Mariana y María Guadalupe Leiva Castro se casaron con ellos respectivamente. Francisco era hijo de Saturnino Bográn Bonilla y Saturnina "Saturna" Baraona Leiva (1829-). Su medio hermano Luís Bográn Baraona se casó con Teresa Morejón Ferrera (1860-1929) "la alondra de Chaiguapa".

Fue Francisco médico de profesión, graduado en la Universidad de San Carlos de Guatemala, trabajo como tal en la Cuyamel Fruit. C°·También fue diputado presidente del Congreso Nacional (1918-1919), ministro de Relaciones Exteriores, ocupó la presidencia del 5 de octubre de 1919 al 1 de febrero de 1920.

JESÚS PLANAS ZÚNIGA

Tegucigalpa, 1856-1888. Los padres de Jesús fueron Francisco María Planas (1819-) y María de la Asunción Zúniga (1821-). Fue esposa del militar y abogado Juan Antonio Francisco de Jesús Medina Orellana "el rayo" o "Medinita" (Santa Rosa de Copán, Honduras 9 marzo 1833-Chinandega, Nicaragua 1885). Hijo de Joaquín Medina y Sabina Orellana. Sus abuelos fueron Francisco Medina Urbina y Manuela Díaz Matamoros. Jesús y Juan Antonio Francisco fueron los padres de María Josefa de Jesús (1866-), Héctor Porfirio (1885-1950), Juan Antonio Ramón de Jesús (1870-), María del Carmen, Joaquín y Carlota Sabina Medina Planas (21 octubre 1868-)[34].

"Medinita" luchó bajo el mando de Justo Rufino Barrios y de José María Medina Castejón. Mediante decreto del 16 de julio de 1872, firmado en Omoa-Cortes, el presidente de turno, Crescencio Gómez cesó sus funciones, traspasándole el gobierno al General Medina como nuevo presidente provisorio del 16 al 26 de julio de 1872.

Medina nombró como vicepresidente a Ponciano Leiva Madrid.

JOAQUINA JOSEFA DE ZELAYA Y VIDAURRE

(Guatemala, 30 junio 1788-). Hija de José Tomas de Zelaya y María Teresa Vidaurre Medina[35] casados el 17 de enero de 1782 en Guatemala. Fueron los padres también de Manuel Modesto y José Ramón Crescencio entre otros. Nació Joaquina Josefa el 30 de junio de 1788[36] y contrajo matrimonio en 1807 a los 19 años, con el militar José Jerónimo Zelaya Fiallos de 27 años.

Nació José Jerónimo en la villa de Tegucigalpa en 1780 y murió a los 89 años en Guatemala un 5 de abril de 1869. Fueron sus padres María de la Rosa Fiallos Peña y José Antonio Zelaya Midence. Su hermana Bárbara Josefa se casó el 21 de diciembre de 1785 con José Joaquín Fernández Lindo Molina y fueron los padres de Juan Nepomuceno Fernández Lindo Zelaya (1790-1857).

Según Leticia de Oyuela, *don Joaquín había raptado a la hija menor de don José Celaya y Midence, la linda Bárbara Josefa, que era, además, su ahijada y protegida*[37].

José Jerónimo y Joaquina Josefa fueron tíos del presidente Juan Nepomuceno Lindo y Zelaya (1790-1857). Y padres de Josefa Clara del Tránsito (1808), José Lorenzo Justiniano (1810-), Toribio (1811-), Fidelia Josefa (1813-), Josefa Juliana Dolores (1815-), María Josefa del Rosario (1818-)[38], José Eustaquio (1822-), Lorenzo (1828-) y Manuel José Zelaya y Zelaya. Este último fue diputado por el departamento de Santa Bárbara y presidente del Congreso. Eran los hermanos Zelaya y

Zelaya primos hermanos de Juan Nepomuceno Fernández Lindo y Zelaya

José Jerónimo fue diputado por Gracias (1820-1821), diputado federal (1824-1825), jefe del Ejecutivo del 27 de octubre al 11 de noviembre de 1827. Entregó el poder a Francisco Morazán cuando este regresó triunfante de la batalla de La Trinidad.

JOSEFA CELESTINA MIJANGOS PIBARAL

Sacatepéquez, Antigua Guatemala 1852-Paris, 1940.

Josefa Celestina era hija de Máximo Mijangos y Ángela Pivaral[39]. Casada en Guatemala con el abogado Marco Aurelio Soto Martínez (Tegucigalpa, 13 noviembre 1846-Paris, 25 febrero 1908). Marco Aurelio era hijo de Máximo Soto Fiallos y Francisca Martínez. Josefa Celestina y Marco Aurelio fueron los padres de Margarita Henriqueta (1877-), Maximiliano (1881-), Máximo Enrique (1887-1893), Carlos Alfonso (1882-1986), Juan José (1874-), Marco Aurelio (1878-), Emilio Víctor (1887-1970)[40], María (1873-), Jorge Benjamín (1884-1959), Alberto (1890-1908) y Francisco José Antonio Guillermo (1880-1926) Soto Mijangos.

Su hijo Máximo Enrique se casó con Miriam Valentine Archer una de las hijas de Washington Samuel Valentine (1860-1920) y Bertha Archer (1875-). Washington S. Valentine fue representante y principal accionista de The New York and Honduras Rosario Minning C[o.] empresa minera en la que también Marco Aurelio era socio. Con este matrimonio, Marco Aurelio y Washington Samuel se convirtieron en consuegros.

Marco Aurelio estudió en la Universidad de San Carlos en Guatemala, allí se desempeñó como ministro de Negocios Eclesiásticos (1872-1873), fue ministro de Relaciones Exteriores y de Educación (1873-1876), con el apoyo del general Justo Rufino Barrios de Guatemala asumió la presidencia provisoria de Honduras en Amapala el 26 de agosto de 1876 hasta el 27 de mayo de 1877 y luego de practicarse elecciones, fue electo presidente constitucional a partir de esa fecha hasta el 9 de mayo de 1883.

Perteneció Marco Aurelio a la Sociedad Económica de la Habana, a la Sociedad de Historia y Geografía de Paris, a la Sociedad de Economía Social y de Agricultura de la misma ciudad, fue miembro honorario de la Real Academia Española de la Lengua. También de la Real Academia de la Historia de la Legislación y Jurisprudencia de Madrid, fue presidente de la Sociedad de Obreros de Gante (Bélgica) [41].

En noviembre de 1877 fue creada la primera escuela para niñas en Tegucigalpa, allí aprendieron lectura y escritura, bordado, aritmética, moral y urbanidad. También se dio el primer Código de Instrucción Pública y se acordó crear escuelas normales con maestros cubanos y españoles.

En términos generales, el gobierno procuró reformas estructurales de orden político, social y económico. Tales reformas buscaban la transformación y modernización del Estado, además de su inserción a la economía global.

La Reforma Liberal implantada en su gobierno bajo el emblema de orden y progreso buscaba la correcta administración del Estado.

Así lo expuso en su mensaje de 1879 al Congreso, al decir que un pueblo dedicado al trabajo como fuente de toda prosperidad, bajo los auspicios de la paz y la confianza tendrá justicia para todos, olvidando los actos pasados. Pues el suyo sería un gobierno de progreso, honra y dignidad a la patria [42]. Trasladó la capital de Comayagua a Tegucigalpa en octubre de 1830.

Como escritor, Marco Aurelio dejó varios discursos, cartas y artículos: Santa Lucia, Felipe II y el Valle de los Ángeles, Cabañitas, juicio sobre María de Jorge Isaac, coplas a Antonia Cañas, ¿Desembarcó Cristóbal Colón en tierra firme del continente americano? (1882); Señor Bográn, gobernante de Honduras 1885); El doctor Marco Aurelio Soto y su candidatura (1902); Memorias de su gobierno (1908) y otras.

JOSEFA DOLORES VICTORIANA RODEZNO MOTIÑO

Juticalpa, Olancho 1800-1870). Fueron los padres de Josefa Dolores Victoriana, José Manuel Rodezno y Manuela de la Cruz Motiño[43]. Se casó con el comerciante y abogado José María Zelaya Ayes (Juticalpa 1799-Tegucigalpa, 14 febrero 1881), hijo de José María Zelaya López y Dominga Ayes Beltrand[44] (1760-1866), padres también de José Manuel, Santiago (casado con Petronila Garay y Cruz Garay), Lorenzo (casado con Antonia Rodezno), Trinidad y José Francisco Zelaya Ayes "Zelayón" (1798-1848) casado en 1819 con Guadalupe Gonzáles Herrera, al enviudar contrajo matrimonio en 1835 con su cuñada Mercedes González Herrera.

Fueron hijos de Josefa Dolores Victoriana y José María, Josefa Dolores (1820-1889), Cruz (1824-1894), Rafael (1830-1900), José Manuel (1830-1917), Isabel (1832-1902), José María (1834-1863), Trinidad (1835-1901), Manuela de la Cruz (1838-1879), Pedro (1845-1915)[45], Francisco (1848-1916) y Josefa Mercedes (1852-1914) Zelaya Rodezno.

Fue José María designado presidencial, recibió el Ejecutivo de Ponciano Leiva Madrid, en calidad de depósito. Pero en 1876, Leiva retoma el ejercicio del mismo mediante decreto pronunciado en el departamento de Yoro.

JOSEFA MATUTE

Josefa y Manuel Bonilla Chirinos no contrajeron matrimonio de forma legal. Pero producto de su vida marital tuvieron a Concepción Bonilla Matute (1870). Además, se le atribuyen a Manuel otros hijos, ellos son Josefa, Adela, Antonio, Carlota, Carlos, Joaquín, Marta, Manuel y Zoila Bonilla.

Nació Manuel en Juticalpa, Olancho un 7 junio 1849, murió a los 64 años, el 21 marzo 1913, era hijo de José Jorge Bonilla Murillo y María Dominga Chirinos, padres también de Trinidad Valentina y Jorge (1853-1953) Bonilla Chirinos[46].

De oficio carpintero, Manuel se unió al ejército en la ciudad de Trujillo, perteneció al Partido Liberal. Fue comandante de armas y administrador de Rentas de Trujillo y Amapala en el gobierno de Marco Aurelio Soto.

También fue gobernador de Yoro (1881-1882) y vicepresidente entre 1895 y 1899. Ministro plenipotenciario en El Salvador y Guatemala, ministro de guerra en la administración de Policarpo Bonilla, vicepresidente entre 1895-1899. Fundó en 1902 el Partido Nacional con la fusión del Partido Nacional Progresista que en febrero de 1891 postuló a Ponciano Leiva a la presidencia.

El PNP surgió en 1889 cuando Luís Bográn intentó reunir en una sola agrupación política a los liberales moderados, extremistas y otros miembros del partido conservador. En 1913 el organismo político fue reorganizado por Alberto Membreño Vásquez y en 1919 se le llamó Partido Nacional Democrático.

Es a partir de 1921 que se le conoce como Partido Nacional de Honduras liderado por Tiburcio Carías Andino[47].

Ocupó la presidencia de facto y constitucionalmente entre el 13 de abril de 1903 al 25 de marzo de 1907 y del 1 de febrero de 1912 al 21 de marzo de 1913. Durante su administración se cerró la escuela de Medicina, Cirugía y Farmacia debido a una protesta de los estudiantes por el traslado a uno de los pabellones del edificio a las meretrices enfermas, otra escuela cerrada fue la escuela de Derecho que funcionaba en Comayagua (1904) debido a la escasez de alumnos, dijeron. Mediante decreto No. 56 del 26 de agosto de 1904 fue creada la Escuela Militar, la misma funcionó hasta 1912 cuando fue clausurada por el mismo Bonilla.

En 1905 se dieron las primeras acciones para construir un teatro en memoria del escritor Miguel de Cervantes, el cual se había planeado hacerlo en el campo La Isla, pero el lugar era frecuentemente inundado por el río Choluteca.

En su gobierno la cultura y la educación recibieron un fuerte apoyo, se emitió el segundo Código de Instrucción Pública, también se habilitaron varias vías de comunicación.

En 1914 se comisionó a Carlos Alberti la elaboración de un monumento en bronce y mármol para rendir homenaje al General Bonilla Chirinos *por ser uno de los mejores gobernantes que ha tenido nuestra patria...* el monumento fue instalado en la zona conocida como La Leona (hoy parque La Leona en Tegucigalpa), inaugurado el 12 de octubre de 1915, acto al que asistieron representantes del gobierno, alumnos de las escuelas y público en general. La placa dice *Al General don Manuel Bonilla defensor de la dignidad y soberanía de Honduras. Sus amigos*[48].

JOSEFA PINEDA CASTEJÓN

Josefa era medio hermana de José María Medina Castejón "Medinón". Ella era hija de José Pineda y Bravo y Jerónima Castejón cuyo padre fue Juan José Castejón. Josefa se casó con el abogado Juan Nepomuceno Fernández Lindo y Zelaya "el zorro" (Tegucigalpa, 16 marzo 1790-Gracias, Lempira 26 abril 1857).

Fueron los padres de Juan Nepomuceno, Bárbara Josefa Zelaya Fiallos y José Joaquín Fernández Lindo Molina (casados en 1785). Padres también de María de las Mercedes, Juan María, Úrsula[49] y María Luciana Lindo y Zelaya (casada con Antonio Abad Gutierrez Marroquín y Carrascosa)[50].

Sus abuelos maternos fueron María de la Rosa Fiallos y José Antonio Zelaya Midence. María de la Rosa fue hermana de Manuel Fiallos Peña, el abuelo materno de José Trinidad Cabañas Fiallos. Juan Nepomuceno y José Trinidad eran primos en 2º grado.

Juan Nepomuceno formó parte de la Audiencia de México, fue Alférez Real del Ayuntamiento de Comayagua (1821), jefe Supremo de la provincia de El Salvador (enero-junio,1841) presidente provisional de El Salvador (28 junio 1841-1 febrero 1842) y presidente de Honduras (12 febrero 1847-10 febrero 1852). Mediante decreto legislativo del 10 de marzo de 1846 protegió la Sociedad del Genio Emprendedor y del Buen Gusto, llamada posteriormente Academia Literaria de Tegucigalpa, raíz de la Universidad de Honduras.

Ocupo la presidencia en dos ocasiones, del 12 de febrero de 1847 al 4 de febrero de 1848 y de esa fecha al 1 de febrero de 1852. En su mandato se creó un impuesto por introducción de mercaderías y un fondo de peaje destinado para mejoras de caminos. Ordenó la devolución de los diezmos a las iglesias y puso bajo su cuidado las escuelas. Declaró puerto libre a Amapala, el 19 de abril de 1848. La Gaceta Oficial del Gobierno fue declarada órgano oficial de publicación. Debido a las pretensiones de Gran Bretaña, puso bajo protección de Estados Unidos la isla de El Tigre durante 18 meses, mediante decreto del 22 de junio de 1849 nombró a Tegucigalpa como capital de Honduras[51].

JUANA CASCO QUIÑONEZ

Sus padres fueron Agustín Casco de Baca y Juana Quiñonez del Valle. Fue su esposo José María Guerrero de Arcos y Molina (León, Nicaragua 1799-1853). Juana y José María procrearon a José Leocadio, Paula y Manuela del Carmen Guerrero de Arcos y Casco. José María era hijo de Pastor Guerrero y Arcos Angulo y de Dionisia Molina y Poveda[52], casados en 1798. Dionisia era nieta del gobernador de Nicaragua (1721-1727), Antonio Poveda y Rivadeneira.

José María se casó en dos ocasiones, la primera con Juana Casco Quiñonez, naciendo de esa unión: José Leocadio, Paula (casada con el nicaragüense Máximo Jerez Tellería, 1818-1881) y Manuela del Carmen Guerrero de Arcos y Casco. Posteriormente contrajo matrimonio nuevamente con Esmeralda Josefa Guerrero de Arcos y Guerrero, hija de Maximino Guerrero de Arcos y Joaquina Guerrero. Fueron los padres de Maximino, Esmeralda, Valeria, José de la Luz, José Valentín y Miguel Jerónimo Guerrero de Arcos y Guerrero de Arcos[53].

Este abogado fue presidente provisional de Honduras entre el 27 de abril al 10 de agosto de 1839, también fue supremo director del Estado de Nicaragua desde el 6 de abril de 1847 al 1 de enero de 1849 y miembro del consejo de ministros en 1839.

JUANA PAULA ALCÁNTARA LOPEZ

(Goascorán, Valle 1808-). Esposa de Juan Ángel Arias (1800-Quelapa, El Salvador 1842). Fueron padres de José Domingo Arias Alcántara (1830-)[54], Rosa Aura Juliana (1833-) y del también presidente Carlos Céleo Arias Lope (2 febrero 1835-Comayagua 28 mayo 1890). Carlos Céleo se casó con María Francisca Boquín y Boquín (1840-) y fueron los padres del igualmente presidente de Honduras Juan Ángel Arias Boquín (1859-1927). Francisca era hija de Teodoro Boquín y Boquín (Comayagua, 1794-1880) y Luisa Boquín Bulnes.

Fue Juan Ángel, senador legislativo entre 1828 y 1829 y encargado del Ejecutivo del 24 de diciembre de 1829 al 22 de abril de 1830. En su mensaje a la Asamblea ordinaria llamó la atención de ésta, sobre la lamentable situación en que se encontraba el país, y que la misma no se superaría mientras no se ordenase la administración de justicia, como fundamento de la paz y la seguridad, y la hacienda pública, sostén del gobierno[55].

LAURA VIJIL LOZANO

Valle de Ángeles, Francisco Morazán 12 febrero 1891-Tegucigalpa 22 agosto 1974.

Fueron los padres de Laura, Ana Josefa Lozano Díaz y Diego Vijil González[56]. Era Laura, nieta de Teresa de Jesús Díaz Lastiri, la hija de María Petrona Lastiri Lozano (hermana de María Josefa) y Remigio Díaz. Se casó Laura a los 21 años, el 4 de noviembre de 1912 con Julio Lozano Díaz de 27 años (Tegucigalpa, 27 marzo 1885-Miami, USA. 20 agosto 1957). Era Julio bisnieto de María Josefa Lastiri Lozano, pues sus abuelos fueron Paulina Travieso Lastiri (1820-) y José de la Cruz Lozano. Los padres de Julio fueron Julio Lozano Travieso (-1904) y María Josefa "Josefita" Díaz González.

Laura fue presidenta honoraria de la Sociedad de Damas de San Vicente de Paúl y una de las fundadoras de la Cruz Lorena, organismo dedicado a atender problemas de salud de las personas escasas de recursos y otras de intereses comunal. Julio trabajo como contable en la Cuyamel Fruit C[o.] y en la Rosario Mining C[o.] entro al servicio de la administración pública como administrador de rentas y aduanas de puerto Castilla, La Ceiba y Tela.

Posteriormente fue diputado, ministro de Economía, Hacienda y Crédito Público, ministro de Relaciones Exteriores (1937-1938), vicepresidente de la República (1949-1954) y presidente por depósito del 16 de noviembre al 5 de diciembre de 1954. Jefe de Estado a partir de esa fecha al 21 de octubre de 1956.

El decreto No. 1, del 6 de diciembre de 1954, permitió que Julio Lozano Díaz asumiera todos los poderes del Estado, quedando suspendidas todas las garantías y nuevamente la paz del pueblo se vio alterada. El gobierno se enfrentó a la protesta de varios sectores de la sociedad, el cuartel San Francisco fue tomado el 1 de agosto del '56, posteriormente recuperado por los militares. En su administración se aprobó la carta de garantías laborales y se creó el Consejo Superior de Planificación Económica (CONSUPLANE), ente encargado de la política económica, con el objetivo acceder a la ayuda financiera de Estados Unidos en el marco de la Alianza para el Progreso y además tratar el asunto de los tratados de libre comercio regional.

Otros decretos emitidos permitieron la organización y funcionamiento de instituciones como la Ley Orgánica del Instituto de Antropología e Historia, Ley de Defensa del Régimen Democrático que prohibía la existencia de instituciones comunistas, se creó la Faculta de Química y Farmacia y la escuela técnica de laboratorios, la Ley de establecimientos bancarios y otras.

Fundo el Partido Unión Nacional (PUN), el cual recibió apoyo de las compañías bananeras y de un sector disidente del Partido Nacional, esto le permitiría mantenerse en el poder, según el resultado de las elecciones del 7 de octubre de 1956 en las que dicho partido y su candidato, Julio Lozano, obtuvieron la mayoría absoluta. El 21 de octubre de 1956, los militares Roque J. Rodríguez, Héctor Caraccioli y Roberto Gálvez Barnes (hijo de Juan Manuel Gálvez), apoyados y alentados por varios sectores de la sociedad (banqueros incluso[57]), y miembros del partido liberal, derrocaron a Lozano Díaz y formaron una Junta Militar de Gobierno.

En un manifiesto al pueblo hondureño expresó *a solas con Dios y mi conciencia, no temo al fallo de la historia*[58]... Los esposos Lozano Díaz-Vijil Lozano salieron rumbo a Miami, Estados Unidos.

LUCÍA LASTIRI LOZANO

Tegucigalpa, 1805-16 enero 1853. Lucia[59] era una de las hijas de Juan Miguel Lastiri Sagardia (1773-1805) y Francisca Margarita Lozano Borjas (1774-). Hermana de María Josefa, la esposa de José Francisco Morazán Quezada. Lucia se casó con José Santos del Valle (Choluteca, 1793-Chalatenango- El Salvador, julio 1840) y fueron los padres de Juana Leonor[60] (1832-), Alejandro (-1836), Concepción (-1836) y María Dolores Cupertina (1837-) Valle Lastiri.

Al enviudar José Santos de Lucía, contrajo matrimonio con Petronila Salvador (1795-) la viuda del guatemalteco José Ponciano Planas, ellos fueron los padres de Felipe y Francisco Planas Salvador (26 abril 1819-26 septiembre 1892) quien ocupó varios cargos públicos, entre ellos el Ministerio de Fomento, concluyó la construcción del Hospital General del cual fue parte de la junta directiva, el acueducto que surtía agua potable desde Jutiapa a la capital, la reconstrucción del edificio de la Escuela de Artes y Oficios y otras obras. José Santos y Petronila fueron los padres de Pedro José Valle Salvador (1824-)[61]. Petronila, nació en el territorio de la Real Audiencia de Charcas, era hija de José de Salvador y Antoli, Intendente León, Nicaragua (1794-1811).

José Santos fue jefe provisional del Ejecutivo del 28 de julio de 1830 al 12 de marzo de 1831, en 1898 fue contador mayor del Tribunal Superior de Cuentas.

Al casarse con Lucía, se convirtió en cuñado de María Josefa y concuño de José Francisco Morazán Quezada.

MARGARITA FIALLOS CASTELLANOS

(Santa Rosa de Lima, Santa Rosa de Copán 4 febrero 1863-).
Margarita era hija de Francisco Fiallos Cevallos y Josefa Maria Rosa de los Dolores Castellanos Milla[62] (1832-), hija del presidente Victoriano Castellanos Cortés y María Ana Josefa de Jesús Milla Castejón. Se casó en Santa Rosa de Copán con el médico y político, Juan Ángel Arias Boquín (Comayagua, 7 agosto 1859-Quiriguá-Guatemala, 29 abril 1927).

Ellos fueron los padres de Francisca Judith (1884-), Lastenia Josefa (1885-1977), Teresa Josefa (1886-), María Clementina (1887-1956), Francisca Adelina Josefa (1890-) Arias Fiallos. Los padres de Juan Ángel fueron Francisca Boquín y Carlos Céleo Arias, presidente en el período 1872-1874.

Juan Ángel fue nombrado mediante acuerdo de la Secretaría de Instrucción Pública de fecha 4 de enero de 1884, como rector de la Universidad de Occidente y director del Colegio de Copán, con un sueldo de 60 pesos mensuales[63].

También fue ministro de Justicia e Instrucción Pública (1899-1903), ministro de Relaciones Exteriores, fue declarado de manera ilegal por el Congreso como presidente de la República el 18 de febrero de 1903, cargo que ocupó hasta el 13 de abril de 1903 cuando fue derrocado por el General Manuel Bonilla Chirinos. Juan Ángel permaneció encarcelado hasta 1905; él fundó el semanario político El Debate.

Su juramentación como presidente fue ilegal, pues por mayoría de votos, esta le correspondía al General Manuel Bonilla Chirinos quién se levantó en armas.

Ese mismo Congreso concedió a la Vaccaro Bros. C°. la explotación bananera por 25 años, además, esta compañía se comprometió a canalizar y hacer navegables los ríos Salado y El Porvenir. En 1923 es nuevamente candidato a la presidencia por el Partido Liberal, pero no logró los votos suficientes. Emigró hacia Guatemala.

MARGARITA GUILLÉN CHÁVEZ

Era Margarita hija de Crisóstomo Guillén y Feliciana Chávez. Contrajo matrimonio en Comayagua el 29 de septiembre de 1820 con el militar José María Martínez Salinas[64] (1780-), hijo de Crisanto Martínez y Estefanía Salinas. Margarita y José María fueron los padres de Félix José Martínez Guillén (1821-)[65].

Fue José María jefe de Estado provisorio del 1 de enero al 28 de mayo de 1837, antecediéndole en el cargo Joaquín Rivera Bragas, posteriormente fue nombrado consejero encargado del Ejecutivo del 3 de septiembre al 12 de noviembre de 1838. Le sucedió en el poder José Lino Matute (1780-1854) desde esa fecha hasta el 9 de enero de 1839.

MARÍA AMBROSIA GARÍN ZEPEDA

Tegucigalpa 1776-Cantarranas 1804). Hija de José Miguel Garín (1750-) y María Antonia Zepeda Andino (1750-) casados en 1771. María Ambrosia se casó con el abogado Miguel Eusebio Bustamante Lardizábal (San Antonio de Flores, Honduras 5 noviembre 1777-Tegucigalpa, 5 abril 1869), hijo de Jacinto Bustamante Tinoco y Josefa Lardizábal Sobrado. María Ambrosia y José Miguel fueron los padres de Anacleta (1802-1802), Justo José Ramón (1803-1803) y José Miguel (1803-1804) Bustamante Garín. María Ambrosia murió a los 28 años[66].

También, Miguel Eusebio con María Escolástica Herrera y Herrera (1795-1835) fueron los padres de José Sabino Ignacio Ramón de Jesús (1810-1892), José Fernando Antonio[67] (1812-), Clara Josefa Ignacia de la Trinidad (1814-), José Cayetano Ignacio del Carmen (1817-), María Nicolasa, Ana Josefa Ignacia, José Eduardo Ignacio (1821-), José Mariano Ignacio (1822-1863), José Eduardo Bautista (1823-1823), María Pascuala Benita Josefa Ignacia (1825-), María Victoria (1827-), José Cecilio de la Paz (1828-1872), María Josefa (1830-1830), José de Jesús (1830-), Pedro de Alcántara (1832-1832) y José Guerrero (1833-1833) Bustamante Herrera.

Pero también con Maria de las Nieves Vásquez Brito tuvo a Miguel (1837-), José Ángel (1838-1838), María de los Ángeles (1839-), José María Pilar (1840-1894), Agustín de la Asunción (1842-1843), María Josefa (1843-), Juana Pastora (1845-), Clara (1846-1914), Carmen Sinforosa (1848-), Rosaura Agustina (1850-), Tiburcio Agustín (1852-), José Guadalupe (1854-1937), Abraham Delfín (1858-1862), María

Elena Dolores (1862-) y Agustín (1862-) Bustamante Vásquez [68]. Miguel Eusebio fue un político conservador que se desempeñó como alcalde de Tegucigalpa (1812-1813). Jefe de Estado provisional durante seis días del mes de octubre de 1827 y por tan solo dos días fue presidente provisional, del 12 al 14 de febrero 1850.

MARÍA ANA JOSEFA DE JESÚS MILLA CASTEJÓN

Los Llanos, Santa Rosa de Copán 21 abril 1805-. Casada a los 23 años, en 1828 con el minero y político Victoriano Castellanos Cortés (Santa Rosa de Copán, 23 marzo 1795-Comayagua, 11 diciembre 1862) de 33 años, hijo de Diego Idelfonso Castellanos y Luciana Cortés y Tablada.

Los hijos del matrimonio Castellanos Milla fueron: Josefa María Rosa de los Dolores (1832-1907), Josefa Margarita (4 junio 1836-), José Victoriano Modesto y Julián (17 febrero 1829-). Josefa María Rosa se casó el 26 de diciembre de 1860 con Francisco Fiallos y fueron los padres de Margarita Fiallos Castellanos casada con Juan Ángel Arias Boquín, rector de la Universidad de Occidente y presidente de Honduras.

Los padres de María Ana Josefa de Jesús[69] fueron José Antonio Milla Villa y Juana Josefa Castejón (en segundas nupcias), fueron hermanos de María Ana Josefa de Jesús: José Vicente Isidoro, Josefa Irene Úrsula, Josefa del Tránsito Camila, José Guadalupe, José Benigno y José Antonio Milla Castejón.

Este José Antonio (Santa Rosa de Copán 22 julio 1810-S.R.C. 1871) se casó el 3 de abril de 1844 con Ester Barrios Espinoza (1844-), una de las hermanas de Gerardo Barrios, era cuñada de José Trinidad Cabañas Fiallos. Ellos fueron los padres de Carlos Milla Barrios (1850-1888)[70]. También fueron medio hermanos de Guadalupe, Lorenzo, José Justo, José Santiago, Zoraida y Juan Milla Pineda.

Victoriano fue vicepresidente y presidente provisional entre 1860 y en 1862 luego del asesinato del presidente Guardiola. Las ideas políticas de Victoriano Castellanos eran diferentes de las del recién asesinado presidente. Propuso la independencia de los poderes del Estado, también en su administración fue creada una escuela de música y una de niñas en Santa Rosa de Copán. Mediante decreto No. 3 del 7 de mayo de 1862 el Estado de Honduras pasó a llamarse República de Honduras, reglamento el comercio con los países centroamericanos y se establecieron vías oficiales para contrarrestar el contrabando y la defraudación fiscal.

El 8 de septiembre de 1862, se publicó en una hoja suelta un llamado *al bello sexo de la ciudad de Tegucigalpa*, en el documento pedía *su auxilio para dulcificar las pasiones del hombre...* pues, *los hombres siempre serán lo que quieran las mujeres...* de esa manera contribuirían a mantener la paz en el país[71].

MARÍA DEL CARMEN DE LA PAZ ALEMÁN OCAMPO

(1857-Granada, Nicaragua 19 febrero 1915). María del Carmen de la Paz era hija de Joaquín Alemán y María Josefa Ocampo. María del Carmen, viuda de Marcelino Sanabria, se casó nuevamente en Amapala el 23 de noviembre de 1898 con Terencio Esteban Sierra Romero[72] "el tamagás de Coray". Nació Terencio Esteban en Coray, Valle el 26 diciembre 1849 y murió a los 58 años en Diriomo, Nicaragua un 25 octubre de 1907, de oficio tipógrafo y militar. Era hijo de los mineros-terratenientes Manuel Antonio Sierra y María Lucrecia Romero (-1 julio 1886), padres también de Manuel y Santos Sierra Romero.

De su matrimonio con María del Carmen, quien falleció a los 58 años[73], no hubo descendencia, sin embargo, procreo Terencio Esteban 3 hijas fuera del matrimonio, ellas fueron: Lucrecia Sierra de Montoya, María Sierra de Somoza y Soledad Sierra de Velásquez[74].

Terencio conoció a Carmen durante su exilio en Granada. Cuando resultó electo presidente de Honduras, la trajo consigo legitimando su unión[75]. De su primer matrimonio con Marcelino, Carmen tuvo a Marcelino y Brígida Sanabria Alemán de Malespín (1880-27 diciembre 1944)[76].

Cuando Terencio estaba por casarse con María del Carmen, Juan Ángel Arias le decía a Terencio Esteban: *hombre, no seas animal, cómo de vas a casar con esa negra vieja y fea*[77], por lo que hubo enemistad entre Carmen y Juan Ángel.

Pero, para Froylán Turcios, subsecretario de Gobernación, pensaba *que* [ella] *tenía belleza y, a pesar de ser analfabeta, era hábil y de gran inteligencia natural, la gente y los funcionarios la buscaban para pedirle consejos o favores*[78].

Estudió Terencio Esteban en Estados Unidos de Norteamérica, Ingeniería civil, militar de mar y tierra, luego se trasladó a Alemania a estudiar en la Escuela Superior de Guerra. Ocupó la presidencia de la República del 1 de febrero de 1899 al 1 de febrero de 1903. En su administración se reconstruyeron y ampliaron varios edificios públicos, entre ellos el edificio de la Escuela de Medicina, inaugurado en 1901 y parte de la carretera que conduce de Tegucigalpa al Sur de la capital.

Se unió mediante cable telegráfico la isla de Amapala con tierra firme, se firmó el tratado Bonilla-Gámez (1894) referente a la demarcación territorial de forma pacífica entre Honduras y El Salvador, también fue codirector junto a Lucas Calderón del quincenario político editado en Amapala La Voz del Golfo. En febrero 24 de 1902 fue creado el departamento de Atlántida.

Nombrado diputado a la Asamblea Constituyente al triunfar José Policarpo Bonilla Vásquez, se enfrentó y fue vencido por las fuerzas militares de Manuel Bonilla Chirinos. Buscando nuevamente la presidencia regreso en 1907 apoyado por los gobiernos de Nicaragua y El Salvador. Sierra Romero emigró a Diriomo, Nicaragua donde falleció.

MARÍA DOLORES SERAFÍN GÓMEZ

Casada el 26 de enero de 1833 con el abogado Felipe Neri Medina Córdova quien nació en Danlí (entonces jurisdicción del departamento de Olancho), el 26 mayo 1797. Felipe Neri provenía de una familia de mineros, sus padres fueron Ignacio Félix Medina Valderas y Petrona Antonia Córdova Idiáquez, la hija de José Santiago Fernández de Córdova Aranda y María Francisca Idiáquez. José Santiago fue hijo de Tomás Fernández de Córdova y Micaela Aranda. María Dolores y Felipe Neri procrearon a Felix Pánfilo Medina Gómez (Comayagua 13 octubre 1837-)[79]

Felipe Neri estudió leyes en Guatemala. En Honduras se hizo cargo del Ejecutivo cuando Juan Francisco Molina huyó del país al conocer que el ejército salvadoreño, al mando de Francisco Morazán, había derrotado a las milicias nicaragüenses y hondureñas en abril de 1839. Luego de dos días en el poder (13 al 15 de abril de 1839), lo entregó a Juan José Alvarado (1758- 1857) y éste posteriormente lo traspasó a José Francisco Zelaya Ayes.

MARÍA DE LOS DOLORES
MEDINA ORELLANA

Santa Rosa de Copán 7 nov. 1828-. María de los Dolores era hija de José Miguel Enrique Medina Díaz y María Francisca Orellana Tábora[80]. Se casó en 1843 a los 15 años, en Comayagua con el general Francisco Ferrera de 48 años, "el mulato de hierro" (Cantarranas, Francisco Morazán 29 enero 1794-Chalatenango, El Salvador 10 abril 1851), de oficio sastre, sacristán, militar, abogado, escritor y poeta. Fue criado por el cura del pueblo José León Garín. María de los Dolores y Francisco fueron los padres de Fausta (1845-), Serafina de los Ángeles (1849-), Abraham (1850-) y Francisco Federico Ferrera Medina (octubre 1847-1904)[81], casado con Delfina Pineda Leiva, hija de Juan Francisco Pineda y Eugenia Leiva[82].

Francisco Federico y Delfina fueron los padres de la maestra, escritora y poeta Fausta Ferrera Pineda (1891-1970).

De él se decía... *Francisco Ferrera era feo hasta para feo... de temperamento fogoso y cruel, hay que agregar el contingente que el alcohol aportaba en sus resoluciones*[83]...

Fue alcalde de Cantarranas, San Juan de Flores (1825-1827), ingreso a la milicia en 1827, participó activamente en varias acciones y cruentos enfrentamientos militares. Alcanzó la presidencia, mediante decreto del 30 de noviembre de 1840, cuando el Congreso lo declaro jefe del Ejecutivo, tomó posesión del cargo en enero del año siguiente. Su segundo mandato inició el 23 de febrero de 1843 y finalizó el 31 de diciembre de 1844.

Ferrera era enemigo de los ideales liberales, manejó con mano dura y conservadora su administración, reguló el sistema sanitario y el sistema hacendario, restableció el diezmo y el Colegio Tridentino de Comayagua, también, en su mandato presidencial fueron derogados los contratos de madera que el gobierno anterior había otorgado a José Francisco Morazán Quezada en el Norte del país y anuló los cambios progresistas decretados en la administración de Joaquín Rivera.

MARÍA DOLORES MÁXIMA DE JESÚS
LASTIRI LOZANO

(Tegucigalpa 18 nov. 1804-). Hermana de María Josefa y cuñada de José Francisco Morazán Quezada, se casó con el abogado y político Diego Vijil Cocaña (Tegucigalpa 1799-Granada, Nicaragua 10 de enero 1845), hijo de José Vijil Fernández de la Zerga y María Josefa Cocaña Fábrega. María Dolores Máxima de Jesús y Diego fueron padres de Marcial (1828-1903), Arcadia (1829-1888), María Manuela (1830-) y José Belisario (1834-) Vijil Lastiri. Marcial Vijil Lastiri se casó con Teodora González y fueron los padres, entre otros de Diego Vijil González y éste al casarse con Ana Josefa Lozano Díaz procrearon 6 hijas siendo una de ellas Laura Vijil Lozano (1885-1974).

Por lo tanto, Diego y María Dolores Máxima fueron los bisabuelos de Laura Vijil Lozano (1885-1974), la esposa de Julio Lozano Díaz (1885-1957), el bisnieto de María Josefa Lastiri Lozano[84].

El abogado y político, Diego Vijil Cocaña fue diputado al Congreso (1824-1825), gobernador de Tegucigalpa (1826-1827), jefe de Estado del 30 de junio de 1828 al 4 de diciembre de 1829. También fue jefe supremo de El Salvador entre el 7 de junio de 1837 al 6 de enero de 1838 y presidente federal (1838-1839). Su gobierno no pudo controlar el desorden generado por los diferentes enfrentamientos armados que se produjeron en el país.

MARÍA FRANCISCA BOQUÍN Y BOQUÍN

Comayagua, 1840-1890). Fue Francisca hija de Teodoro Boquín y Boquín (1794-1880) y Luisa Boquín Bulnes (1810-1885). También fueron hijos de este matrimonio, Ana Luisa (1832-), José Gregorio (1822-), Braulio (1823-), Mariana (1828-), Mauricia (1832-), Maria Isidora (1836-) y Francisco (1838-)[85].

María Francisca se casó con el abogado Carlos Céleo Arias Lope. Nació Carlos Céleo en Goascorán, Valle el 2 de febrero 1835 y murió a los 55 años en Comayagua, el 28 de mayo de 1890. Hijo de Juan Ángel Arias y Juana Paula Alcántara Lope. Francisca y Carlos Céleo fueron los padres de María del Carmen, María Dolores, Águeda, Rosa y del también presidente Juan Ángel Arias Boquín (1859-1927), este se casó con Margarita Fiallos Castellanos y procrearon a Judith Francisca, Lastenia Josefa y Clementina Arias Fiallos. Margarita era hija de Francisco Fiallos Cevallos y Josefa María de la Rosa Castellanos Milla (hija de Victoriano Castellanos Cortés y María Ana Milla).

Fue Carlos Céleo diputado por Comayagua (1865), magistrado de la Corte Suprema de Justicia (1865-1869), ministro de Relaciones Exteriores y Gobernación (1871). Luego de su destierro en Guatemala, regreso en 1876 y posteriormente fue nombrado diputado por Tegucigalpa (1880) y presidente a partir del 27 julio 1872 al 13 enero 1874 cuando fue derrocado por las fuerzas de Ponciano Leiva Madrid.

También fue representante plenipotenciario ante el gobierno de El Salvador, encargado de solventar problemas diplomáticos con ese país.

Fundó la oficina General de Estadísticas, escribió un plan doctrinario para su candidatura presidencial titulado *Mis Ideas*[86].

En dicho plan expuso de manera científica y filosófica los ideales para un gobierno de unidad, seguridad individual, de garantías, donde fueran abolidas las antiguas prácticas de torturas, aplicación de palos, flagelación y otros actos en contra de la dignidad humana.

De igual forma expuso la necesidad de mantener la libertad de cultos, igualdad civil y política, autonomía de poderes y otras ideas que no fueron bien acogidas por los demás sectores de la oposición política de la época, incluso de su mismo partido. Inició la formación de la Liga Liberal, origen del Partido Liberal de Honduras.

MARÍA GUMERSINDA "CHINDA" INESTROZA OCAMPO

(Tegucigalpa, 14 octubre 1882-). Hija de Juan Antonio Inestroza (1843-1953) y Francisca Romana Ocampo Arbizú (1854-1919)[87]. Casada el 7 de junio de 1902, a los 19 años con el médico cirujano y escritor Vicente Mejía Colindres de 26 años. Vicente nació en La Esperanza el 8 de abril de 1878, murió en Tegucigalpa el 24 de agosto de 1966 a los 88 años.

Sus padres fueron Vicente Mejía Velásquez y Juana Evangelista Colindres Fortín (Yuscarán, 1840-1894) casados en 1876, la hija de Pedro Antonio Colindres y María Salomé Fortín. Gumercinda y Vicente fueron los padres de Eduardo Vicente (1903), Edgardo (1907-1910), Vicente (1909-) casado con María Josefa Lardizábal Lozano, José Alberto (1914-1915) y Carlota (1915-) Mejía Inestroza.

Gumercinda o "Chinda" como se le conocía fue presidenta de la liga antialcohólica de mujeres hondureñas y apoyo otras instituciones benéficas.

Su esposo ocupó varios cargos públicos, fue gobernador político de Intibucá (1907-1909), ministro del Interior (1909-1911), presidente provisional del 17 de septiembre al 5 de octubre de 1919, ministro de Relaciones Exteriores (1919-1921) y presidente constitucional del 1 febrero de 1929 al 1 de febrero de 1933. Sus escritos fueron publicados en varias revistas hondureñas.

Contribuyó a la construcción del hospital de Occidente en Santa Rosa de Copán, creó mediante decreto No. 198 la Escuela Nacional de Aviación, en 1932 fue cofundador del Casino Copaneco.

MARÍA JOSEFA ÚRSULA FRANCISCA DE LA SANTÍSIMA TRINIDAD LASTIRI LOZANO

20 octubre 1792-1846). Al enviudar de José Esteban González Travieso y Rivera Zelaya (Tegucigalpa 25 noviembre 1786-27 de febrero 1825), María Josefa contrajo nuevamente matrimonio el 30 de diciembre de 1825 con el militar, escritor, político de ideas liberales y presidente de la República Federal de las Provincias Unidas de Centroamérica (1827-1830), José Francisco Morazán Quezada (Tegucigalpa 3 de octubre de 1792-Costa Rica, 15 septiembre de 1842).

María Josefa era hija del administrador de Rentas de Correos (1799) Juan Miguel Lastiri Sagardia (1773-1805) y Francisca Margarita Lozano y Borjas (1774-). De su primer matrimonio resultaron cuatro hijos: José Esteban Clemente (1818-), Paulina (1820-), María Josefa Ramona y Tomasa Travieso Lastiri. Paulina fue abuela del presidente Julio Lozano Díaz (1885-1957). Su hermana María Petrona Lastiri Lozano (1794-) fue bisabuela de Laura Vijil Lozano (1885-1974) esposa de Julio Lozano Díaz. José Francisco y María Josefa fueron padres de Adela Morazán Lastiri (octubre 1838-2 mayo 1921) quien se casó en 1860 con el abogado Cruz Ulloa.

Fueron los padres de José Francisco, el comerciante y hacendado José Eusebio Morazán Alemán (1761-1838) y Guadalupe Quezada Borjas (1765-1843).

Era primo hermano de María Micaela Josefa Quezada Borjas, la esposa de José Dionisio de Herrera Díaz. De sus muchas relaciones extramaritales procreo, entre otros a: José Antonio [Morazán] Ruíz

Zelayandía, (1826-1883), Francisco [Morazán] Moncada (1827-1904) y María Ester de los Dolores [Morazán] Freer Escalante (1843-1929).

El General Morazán Quezada libró muchas batallas, de las que salió victorioso, con el objetivo de convertir a Centroamérica en una patria grande y próspera. Fue secretario del ayuntamiento de Tegucigalpa (1820-1821), ejerció el poder de manera provisional del 27 de noviembre 1827 al 30 junio de 1828, fue jefe de Estado del 2 de diciembre de 1829 al 28 de julio de 1830, jefe del Estado y jefe Supremo de El Salvador en 1832 y 1839-40 respectivamente.

Su administración se favoreció el libre comercio, fue permitido el matrimonio y el divorcio secular, la libertad de expresión, se dispuso el uso de tierras estatales para expandir la agricultura, la iglesia fue separada de los asuntos del Estado y se secularizo la educación, se abolieron los diezmos y fueron confiscados los bienes de la iglesia.

Estas reformas eran contrarias a las ideas conservadoras pues afectaban sus intereses. Tras la muerte de su esposo, María Josefa salió con sus hijos rumbo a El Salvador.

MARÍA LAURA BARNES PAREDES

San Pedro Sula, 7 octubre 1897-7 agosto 1986. Era María Laura, hija del canadiense Santiago M. Barnes (1853-San Pedro Sula 14 marzo 1897) y María Petrona Paredes Paz[88] (Trinidad, Santa Bárbara 1860-San Pedro Sula, 7 septiembre 1925), sus abuelos fueron Juan Ángel Paredes y Dominga Paz.

Fueron hermanos de Laura: James (1893-1982), Orrel (1888-1980), Estella (1890-1975), María Viola (1894-1918), Anna (1896-1975) y Niles (1891-1895) Barnes Paredes. Se casó Laura con el abogado Juan Manuel Gálvez Durón (Tegucigalpa, 10 junio 1887-Tegucigalpa, 20 agosto 1972). Laura fue presidenta honoraria de la Sociedad de Damas de San Vicente de Paul en 1951.

Juan Manuel, "el hombre del puro" era hijo de José María Gálvez Retes y Benita Durón. Laura y Juan Manuel fueron los padres del ingeniero y militar Roberto Gálvez Barnes (Puerto Cortés,18 mayo 1925-Tegucigalpa, 19 marzo 1995), miembro de la Junta Militar de Gobierno que asumió el poder luego del derrocamiento de Julio Lozano Díaz en 1956.

Juan Manuel fue abogado de la United Fruit C°. Al entrar a la vida política fue nombrado juez en la ciudad de La Ceiba (1914), diputado de la Asamblea Constituyente (1924), secretario privado de Miguel Paz Baraona, ministro de Gobernación y Justicia (1924-1929), ministro de Guerra, Marina y Aviación (1933-1948), presidente constitucional del 1 enero de 1949 al 5 de diciembre de 1954, magistrado de la Corte Suprema de Justicia entre 1956 y 1963.

En su mensaje al Congreso Nacional al recibir la presidencia el 1 de enero de 1949, juró que todos sus actos estarían revestidos de respeto y fiel cumplimiento de las instituciones democráticas, que trabajaría con lealtad y honradez en el servicio a la patria en procura del beneficio y progreso de Honduras. En su gobierno se organizaron y establecieron el Banco Central de Honduras (ente regulador de la política monetaria) y el Banco Nacional de Fomento, BANAFOM (institución reguladora y promotora del fomento a la producción agrícola y agraria), la Dirección Gral. del Impuesto sobre la Renta, se estableció un nuevo código de comercio, y otras regulaciones para los diferentes ramos estatales (justicia, educación, salud, trabajo, comunicaciones…).

Se decretó la Ley de Turismo, de Identidad y otras leyes. Se dieron los primeros pasos para la creación de la Escuela Superior del Profesorado, institución especializada en formar docentes a nivel primario y secundario, posteriormente denominada Universidad Pedagógica Nacional "Francisco Morazán", gracias a la cooperación técnica de la UNESCO. La misma fue inaugurada en 1956, durante la administración de la Junta Militar de Gobierno.

Juan Manuel Gálvez Durón recorrió el país para conocer las necesidades del pueblo y comprobar los trabajos realizados por su gobierno, Rafael Heliodoro Valle lo llamó "civilizador andante"[89]. Rafael Heliodoro fue nombrado embajador ante el gobierno norteamericano. También en el gobierno de Juan Manuel, se dieron los primeros pasos en la formación sindical.

En 1954, comenzando el mes de abril, trabajadores de la United Fruit C⁰· iniciaron una serie de acciones exigiendo incremento salarial y mejores condiciones laborales. Paralizaron sus actividades y se negaron a cargar el banano destinado al mercado internacional. La compañía, apoyada por el gobierno se negaron a tal solicitud, se enviaron tropas militares a la zona para contener la huelga.

Los dirigentes huelguistas fueron arrestados y acusados de comunismo. Pero fue en la administración de Julio Lozano cuando se firmó un convenio de cooperación militar entre ambos gobiernos, mediante decreto No. 3 del 1 de diciembre de 1954.

El Frente Femenino pro-paz solicito al mandatario se les concediera la ciudadanía, pero tal propuesta fue rechazada por el Congreso Nacional.

MARÍA LUISA DE JESÚS CASTRO ACOSTA

Sn. Jerónimo-Gualaco, Olancho agosto 1840-). Fueron sus padres José Abad Castro y Eusebia Acosta[90]. Cuando María Luisa de Jesús se casó en 1858, tenía 18 años. Su esposo, el militar Ponciano Leiva Madrid tenía 35 años. Ponciano nació en Ceguaca, Santa Bárbara el 19 de noviembre de 1823, murió a los 73 años en Santa Cruz de Yojoa, Cortés un 12 de diciembre de 1896[91].

Sus padres fueron Marcos Leiva y María Presentación Madrid. Fueron hijos de María Luisa y Ponciano: Samuel (1858-), Guillermina "Mina" (1862-) casada con Francisco Bográn Baraona (1857-1926), Marcos (1863-) casado con Herminia Cruz Medina, Emilio (1866-1946) casado con Florinda Ferrera, Ignacio (1869-1953) casado con Erlinda Leiva, Mariana (1873-1950) casada con Miguel Paz Baraona (1863-1937) y María Guadalupe (1871-1955) Leiva Castro que se casó con Luís Paz Baraona, el hermano de Miguel.

Ellos fueron los padres de Luís Paz Leiva (1900-1948)[92] casado con Etelvina Galeano Zepeda (1899-1941).

Ponciano fue ministro de Fomento, Gobernación y Justicia (1865-1871), ministro de Relaciones Exteriores (1880-1884) y presidente en varias ocasiones (de facto, por depósito y constitucionalmente) desde el 22 de noviembre de 1873 al 2 de febrero de 1875 y de esa fecha al 9 de febrero de 1893.

Durante su administración se emitió el primer Reglamento de Instrucción Pública (1875) y se creó el 8 de octubre de 1874 en Santa Rosa de Copán, el Instituto Científico de San Carlos. Expulso del país a Policarpo Bonilla y a los principales miembros del partido liberal.

MARÍA MANUELA DÍAZ

Casada con el militar, político, consejero y jefe del Ejecutivo del 12 marzo 1831 al 22 marzo 1832, José María Antonio de la Cruz Márquez Castejón (Tegucigalpa 3 marzo 1802-26 marzo 1832). María Manuela y José María Antonio de la Cruz fueron los padres de María Teresa Márquez Díaz (Tegucigalpa, 16 octubre 1813-Cedros, 3 marzo 1897)[93], la esposa del general y presidente Joaquín Rivera Bragas (1795-1845). José María Antonio de la Cruz fue hermano de María Francisca, de Juan Francisco Márquez Castejón (1752-) el párroco, alcalde, juez examinador sinodal quién estuvo a cargo, en sus inicios, de la construcción de la Iglesia Santa María de los Dolores de Tegucigalpa en 1732.

También fue hermano de crianza de Francisco Antonio Márquez conocido también como Francisco Antonio de Santa Olaya Márquez (12 febrero 1786- 16 abril 1842)[94]. Los hermanos Márquez Castejón eran hijos de Juan Francisco Márquez de Moisés y Rita Castejón Romero de Quintanilla. Fue José María Antonio de la Cruz, diputado de la Asamblea Legislativa (1825), administrador de rentas de Tegucigalpa (1829), fue comisionado por Diego Vijil en las negociaciones de pacificación de las revueltas de Olancho y Opoteca. Su administración contrato al militar colombiano Narciso Benítez para organizar y administrar la Escuela Militar Nacional, se restableció la renta de tabaco y se estableció la renta del papel sellado, pólvora, alcabalas y aguardiente. Se habilitó la exportación de oro y plata, se emitió la Constitución de 1831 pero ésta no entro en vigencia. En ese período se publicó el periódico joco-serio El Rayo.

MARÍA MICAELA JOSEFA QUEZADA BORJAS

Yuscarán, 29 septiembre 1795-1850. María Micaela Josefa provenía de una familia de mineros residentes en la villa de San Miguel de Tegucigalpa. Fue una de las hijas de José María Quezada Borjas y María Manuela Borjas Uriarte, su padre José María era hermano de Guadalupe Quezada Borjas, la madre de José Francisco Morazán Quezada. Por lo tanto, María Micaela Josefa y José Francisco eran primos hermanos.

Se casó María Micaela Josefa a los 25 años el 9 de abril de 1820 con el abogado José Dionisio de la Trinidad Herrera Díaz, de 39 años.

Nació José Dionisio en Choluteca un 9 octubre de 1781 y murió a los 69 años en El Salvador el 13 de junio de 1850. Fueron sus padres Paula Díaz Izaguirre, la tía de José Cecilio Díaz Valle y Juan Jacinto de Herrera y Rivera, que además tuvieron a Próspero José (1783-1851), Justo José Vicente (1786-1856) y a Mariana Herrera Díaz[95]. Fueron hermanos de María Micaela Josefa: Agustín José (1789-), José Isidoro (1791-), María Josefa de la Visitación (1792-), José Julián (1794-), José María (1797-) e Ignacio José Miguel (1798-) Quezada Borjas.

José Dionisio fue el primer jefe del Estado de Honduras, del 16 de septiembre de 1824 hasta el 10 de mayo de 1827 cuando fue derrocado por las milicias federales al mando de José Justo Milla Pineda, enviado por Manuel José Arce y Fagoaga.

También fue jefe de Estado de Nicaragua del 10 de mayo de 1830 a diciembre de 1833.

Al momento de recibir los pliegos de Independencia en 1821, José Dionisio era Secretario del Ayuntamiento de Tegucigalpa. Su administración demarcó el territorio nacional en siete departamentos, se decretó el escudo de armas, se emitió en Comayagua la primer Constitución Política de Honduras.

Doña Micaela Quezada de Herrera, la gran heroína que, con su ilustre esposo, a quien solo le sobrevivió el tiempo preciso para rezarle el novenario, sufrió con él hambre y pobreza por dejarnos una patria digna...[96]

MARÍA TERESA MÁRQUEZ DÍAZ

Tegucigalpa, 16 octubre 1813-Cedros, 3 marzo 1897). Fueron sus padres José María Antonio de la Cruz Márquez Castejón y María Manuela Díaz. Contrajo matrimonio con el comerciante y minero José Joaquín Rivera Bragas. Joaquín nació en la villa de Tegucigalpa el 26 de julio de 1795, murió fusilado en la plaza La Merced de Comayagua un 6 de febrero de 1845, durante la presidencia de José Coronado Chávez (1845-1847).

Fueron los padres de Joaquín, Mariano Rivera Alemán y Dolores Bragas Betancourt (Tegucigalpa, 30 septiembre 1762-), bautizado por el tío de su esposa Juan Francisco Márquez Castejón[97].

Diputado constituyente (1831-1832) y jefe de Estado (1833-1836), favoreció la educación primaria, ayudo a varios jóvenes para que pudieran estudiar en la escuela normal de Guatemala, se reglamentó el sistema electoral, la libertad de imprenta, se concedió en 1835 el título de ciudad a Juticalpa. Se le otorgo a Francisco Morazán la exclusividad de corte de madera de caoba en la costa Norte, quien nombro a su amigo y socio Marcial Bennett como representante y administrador del negocio[98]. Protector de la agricultura y el comercio, del trabajo y de los trabajadores, del derecho a la tierra.

MARÍA VICTORIA ALVARADO BUCHARD

(Juticalpa, Olancho 19 mayo 1884-Tela, Atlántida 28 de septiembre 1932). Fueron los padres de María Victoria[99], Carlos Juan Federico Alvarado y Victoria Buchard Bustillo (hija del cónsul estadounidense Guillermo Buchard y Francisca Bustillo Ayala hija de Felipe Bustillo y Apolinaria Vásquez Ayala). Carlos Juan Federico y Victoria también tuvieron a Juana Josefa Alvarado Buchard (1886-). Juana Josefa se casó el 1 de julio de 1917 con Nazario Soriano Vásquez (1875-1963), hijo de Nazario Soriano y Segunda Vásquez. María Victoria se casó con Francisco Bertrand Barahona (Juticalpa, Olancho 9 octubre 1866-La Ceiba, Atlántida 15 julio 1926), hijo de Pedro Bertrand y Josefa Barahona, originaria de Juticalpa. María Victoria y Francisco fueron los padres de Francisco, Marta, Luz y de la periodista y escritora Francisca Victoria "Alma Fiori" Bertrand Alvarado (Juticalpa, 13 diciembre 1907-México, 4 septiembre 1952).

Francisco estudio medicina en la Universidad de El Salvador, al regresar y establecerse en el país, entro al ruedo político desempeñando varios cargos. Fue diputado por el departamento de Olancho (1895 y 1902), en 1906 participo en la conferencia de paz celebrada entre Honduras, Guatemala y El Salvador, fue presidente provisional (1911-1912), presidente constitucional del 1 de febrero de 1916 al 9 de septiembre de 1919.

En ese año fueron convocadas las elecciones y el presidente Bertrand Barahona quiso imponer a su concuño Nazario Soriano como candidato del oficialismo. De esa manera inició una nueva revuelta, unos a favor y los otros en contra de la imposición que buscaban reivindicar el estado de derecho.

El gobierno amenazó a la prensa libre, las imprentas fueron cerradas y muchos encarcelados. El 19 de julio de 1919 el candidato presidencial, Rafael Salvador López Gutiérrez se convirtió en *General en jefe del ejército liberador de Oriente*[100]. Él, que posteriormente al finalizar su mandato constitucional en 1924, buscó permanecer en el poder.

En su mandato se realizaron varias obras en beneficio de la salud, la cultura y el mejoramiento de algunas vías de comunicación. Se creo el Consejo Superior de Salud Pública para combatir enfermedades endémicas y epidémicas. El doctor Bertrand emigró hacia Estados Unidos de Norteamérica donde permaneció hasta 1926, cuando regresó, se estableció en la ciudad de La Ceiba, donde murió a los 60 años.

MARIANA LEIVA CASTRO

(1873-1950). El 19 de junio de 1901[101], en Santa Cruz de Yojoa contrajeron matrimonio Mariana de 28 años y Miguel Paz Baraona de 38 años "el garañón" (Pinalejo, S.B., 4 septiembre 1863-San Pedro Sula, 11 noviembre 1937). Ella era hija de Ponciano Leiva Madrid y María Luisa de Jesús Castro Acosta. Fueron sus hermanas, Guillermina "Mina" (1862-) casada con Francisco Bográn Baraona (1857-1926) y María Guadalupe Leiva Castro (1871-1955) casada con Luís (1875-), uno de los hermanos de Miguel Paz Baraona.

Los padres de Miguel fueron Desiderio Aurelio Paz Sabillón (1838-1888) e Isabel Baraona Leiva (1845-1927)[102], hermana de Manuela Gertrudis y María Saturnina "Saturna" Baraona Leiva: hijas de José Francisco Atiliano Baraona Hernández (1796-) y Josefa Ylaria Leiva Izaguirre (1805-).

Mariana y Miguel tuvieron a Francisca Feliciana Paz Leiva quien se casó con su primo Samuel Francisco Bográn Leiva. También, Miguel procreo una gran cantidad de hijos, de allí su apodo, que para ser más exactos es "el garañón pintado de los valles de Santa Bárbara" a decir de Rodolfo Pastor[103]. A los 75 años legalizó su unión con Melecia Zaldívar, el 12 de junio de 1938[104], ellos habían procreado a Gustavo (1882-1961), Emilio (1889-1984), Lisandro (1899-1982), María Dolores (1903-1983) y Benjamín (1907-1985) Paz Zaldívar. Con Petrona Paz tuvo a Ponciano Paz y Paz[105], quien se casó con Rosalinda Rodríguez Briones en 1927, hija de Servando Rodríguez y Elena Briones.

Miguel era un médico cirujano graduado de la Universidad de San Carlos de Guatemala y un político miembro del Partido Nacional de Honduras, fue ministro de Gobierno (1919-1920), presidente de Honduras del 1 de febrero de 1925 al 1 de febrero de 1929, también ocupó la presidencia del Congreso Nacional (1933-1934).

El 10 de enero de 1927 fue creado el municipio de Pimienta en el departamento de Cortés, fue decretado en su administración la Ley de Municipalidades y del Régimen Político, la Ley de Indultos y Conmutas y la Ley de aprovechamiento de Aguas Nacionales, así como también la Ley Orgánica del Tribunal Superior de Cuentas y la Ley de Retiro y Jubilación de los maestros de educación primaria.

MARIANA MILLA

Lempira 1838-30 noviembre 1912). Fue su padre un hacendado de Gracias de nombre Luciano Milla. Se casó con el militar y presidente entre 1863 y 1876, José María Medina Castejón "Medinón".

José María nació en la comunidad de Sensenti (hoy jurisdicción de Ocotepeque) el 19 marzo 1826, sentenciado a muerte por fusilamiento en Santa Rosa de Copán el 8 de febrero 1878 durante el gobierno de Marco Aurelio Soto Martínez.

Era hijo de Juan José Castejón y Antonia Medina. José María y Mariana fueron los padres de Jesús María Medina Milla, nació Jesús María en Erandique, Lempira el 4 de marzo de 1863[106].

Luego del asesinado del presidente José Santos Guardiola en 1862, asume el mando Victoriano Castellanos, pero José María llegó a Comayagua a reclamar el cargo y lo asume de manera provisional.

Luego en 1863 al ser invadido el territorio por las milicias guatemaltecas, el pueblo de Santa Rosa de Copán y comunidades cercanas lo reconocen como presidente. De manera constitucional se hace cargo de la presidencia del 15 febrero de 1864 al 14 de enero de 1872, nuevamente de manera provisoria del 12 al 24 de agosto de 1876.

José María y varios seguidores fueron arrestados, acusados de conspiración, traición y ocultamiento de armas con el fin de derrocar al gobierno de Marco Aurelio Soto Martínez.

Un tribunal militar los sentenció, unos a muerte y otros a prisión. A Medina se le consideraba como un verdadero peligro para el gobierno, era popular entre el pueblo y amigo personal de Justo Rufino Barrios.

Los ruegos de su esposa al doctor Soto por salvarle la vida, inútiles[107]. En su administración fueron creados los departamentos de Copán, Cortés, El Paraíso, La Paz y también el puerto de Cabo de Gracias a Dios y La Victoria.

MERCEDES GONZÁLEZ HERRERA

Su hermana Guadalupe fue la primera esposa de José Francisco Zelaya Ayes "Zelayón" (Juticalpa, Olancho 1798-Lepaguare, Olancho 20 octubre 1848), ellos se casaron en 1819. Hijo de José María Zelaya López (1778-1838) y Dominga Ayes Beltrand[108]. En segundas nupcias se casó en 1835 con su cuñada Mercedes González Herrera. Ellos fueron los padres de Toribio (1817-1887), Carlos, Francisca, Josefa y Adán (1840-) Zelaya González. Los hermanos de José Francisco fueron José María, Lorenzo, José Manuel, Santiago, y Trinidad Zelaya Ayes[109].

Este militar fue electo por el Congreso como presidente provisional del 21 de septiembre de 1839 al 1 de enero de 1841. Posteriormente fue presidente de la Asamblea Legislativa entre el 11 de diciembre de 1847 al 5 de febrero de 1848, año en que se proclamó una nueva Constitución. Durante su mandato procuro el aseguramiento y la defensa de los puertos de Omoa y Trujillo y varios de los poblados al interior del país, se estableció el juzgado de Primera Instancia en Danlí y se regulo el horario laboral de los empleados públicos.

MERCEDES VIDAURRE MOLINA

(Guatemala-25 febrero 1826). Fueron sus padres Pedro Vidaurre (3 junio 1760-6 septiembre 1809) y Antonia María Molina y Salazar (13 junio 1766-), padres también de María Dolores, José Mariano, José Francisco y Micaela Vidaurre Molina[110]. Mercedes se casó con el militar José Justo Milla Pineda (Gracias a Dios 1794-Veracruz, México 1838), hijo del también militar José Antonio Milla Villa (1749-1816) y Feliciana Pineda Arriaga.

Del matrimonio de Mercedes y José Justo nacieron Carmen, Justo y el escritor, poeta y novelista José "Pepe" (4 agosto 1822-1882) Milla Vidaurre, quien utilizó en sus escritos el seudónimo "Salomé Jil".

Fueron hermanos de José Justo, Guadalupe (1775-), Lorenzo (1779-), José Santiago (1783-), Zoraida (1795-) y Juan Esteban (1785-) Milla Pineda[111]. En segundas nupcias, José Justo se casó el 23 de febrero de 1835 con Rosa María de la Concepción Bustamante Padilla, hija de Ignacio de Bustamante y María Antonia Padilla. José Justo y Rosa María fueron los padres de José Santiago y José Antonio Milla Bustamante[112].

En segundas nupcias el padre de José Justo, José Antonio Milla Villa se casó con Juana Josefa Castejón (775-1858) y tuvieron a José Vicente Isidoro (1802-), Josefa Irene Úrsula (1803-), María Ana Josefa de Jesús (1808-) que fue esposa de Victoriano Castellanos Cortés, Josefa del Tránsito Camila (1808-), José Antonio (22 julio 1810-1871) casado con Ester Barrios Espinoza, Guadalupe (1812-) y Benigno

(1815-) Milla Castejón[113]. José Antonio y Ester fueron los padres de Carlos Milla Barrios.

José Justo fue enviado por el presidente federal Manuel José Arce y Fagoaga (1825-1829) a los Llanos de Santa Rosa de Copán con la orden de custodiar los tabacos, reclutar y repeler cualquier ataque por parte de Dionisio de Herrera.

Milla tomó Comayagua y continúo su belicoso camino. José Justo fue comandante de armas, jefe político y vicejefe del Ejecutivo de manera provisional del 11 de febrero de 1824 al 7 de enero de 1827 y jefe provisional de facto del 10 de mayo al 11 de noviembre de 1827.

Derrocó a José Dionisio de Herrera Díaz. Y luego él mismo fue derrotado por José Francisco Morazán en la batalla de La Trinidad, fue encarcelado y desterrado.

José Justo era muy amigo de Juan Nepomuceno Fernández Lindo Zelaya y se comunicaban muy fraternalmente como se demuestra en sus cartas, comenzaba diciendo Juan Lindo *Mi amado Justo…* y al despedirse *soy tuyo, Lindo*[114].

NARCISA ROMERO PORTILLO

(1861-). Narcisa de 33 años y Miguel Rafael de 38 años, se casaron el 3 de noviembre de 1894[115]. El contable y abogado Miguel Rafael Dávila Cuéllar nació en Tegucigalpa un 29 de septiembre de 1856, murió a los 71 años en la misma ciudad el 11 de octubre de 1927, hijo de Juan Dávila y Gervasia Cuellar. Miguel y Narcisa fueron los padres de María Luisa del Carmen (1895-) y Rafael Francisco Dávila Romero (1897-1972), él se casó con Dolores Prats Vives (1903-1988).

También, Miguel Rafael con Ercilia Erazo Bulnes (1901-) procrearon a Gloria Ercilia (1921-) y Miguel Rafael Dávila Erazo (Juticalpa 1922-)[116].

Ocupó varios cargos dentro de la administración pública, entre ellos los ministerios de Guerra, Hacienda y Crédito Público (1894-1896), Instrucción Pública y Justicia en 1903, fue presidente provisional y constitucional del 18 abril de 1907 al 28 de marzo de 1911. Juró sobre la Constitución vigente de 1894 diciendo ...*acepto el mando provisional sin compromisos políticos individuales ni colectivos[117]* ... dijo. Pero la inestabilidad reinaba y el gobierno de Dávila Cuellar se tambaleaba, Miguel Rafael fue obligado a renunciar a favor Francisco Bertrand. Convenido así entre las fuerzas militares opositoras y el gobierno, con la intervención del representante estadounidense Thomas C. Dawson, del departamento de Estado. El gobierno de Dávila creó el Ministerio de Agricultura.

NICOLASA AVILÉS

Casada con Francisco Cruz Castro, nació Francisco en Santa Ana, El Salvador el 4 octubre 1820 y murió a los 75 años en La Esperanza, Intibucá el 20 mayo 1895. Fueron sus padres, el mexicano José María Cruz y la salvadoreña Romualda Castro[118]. Nicolasa y Francisco fueron los padres de José Julián Cruz Avilés (1843-)[119].

Francisco estudio jurisprudencia y medicina, fundó el periódico La Patria (1863), autor de *Hondureños* (1852), *Datos Estadísticos de Comayagua* (1869), *La Botica del pueblo* (1867), *Datos biográficos del expresidente General don Francisco Ferrera* (1878) y otros.

Fue juez de primera instancia, jefe político, administrador de aduanas, director de Estadísticas Nacional, magistrado de la Corte de Justicia de 1ª y 2ª instancia y diputado. Designado presidencial y presidente provisional desde el 23 de febrero de 1866 hasta el 14 de enero de 1870. Secretario privado del presidente José María Medina en 1871, también redactor del diario oficial La Gaceta. Comisionado especial en 1851 en las negociaciones de los reclamos de Inglaterra sobre la deuda federal, firmó los tratados Chatfield-Cruz (1852), Cerna-Cruz, Lennox Wyke-Cruz (1859). En 1866 firmó el decreto de creación de la Bandera Nacional y el Escudo de Armas, nuevamente nombrado comisionado especial en la demarcación limítrofe con El Salvador en 1880.

NIEVES CABAÑAS FIALLOS

Hija de José María Cabañas Herrera y Juana María Fiallos Castejón. Fue hermana de Josefa, José Gregorio Francisco María, Urbano y del General José Trinidad Cabañas Fiallos. Nieves se casó con José Francisco Gómez y Arguelles (Juticalpa-Granada, Nicaragua 25 julio 1854). Hijo de Francisco Gómez Midence y Nora Arguelles. Este militar estuvo a cargo del Ejecutivo de forma provisoria entre el 1 febrero al 1 de marzo de 1852 y del 9 de mayo al 31 de diciembre de 1853. Su período, como el de la mayoría, fue bastante difícil debido a los constantes levantamientos armados protagonizados tanto al interior del país como con los países vecinos.

PETRONA VÁSQUEZ ALCÁNTARA

Petrona se casó con el militar José María Bustillo (-Comayagua 1855). Hija del minero Manuel Antonio Vásquez Rivera y Juana María Alcántara García. Fueron sus hermanos: José León, Cristina Ramona, Manuel Emigdio y María Luisa Antonia Sinforosa Vásquez Alcántara.

Su hermano Manuel Emigdio y Martina Toruño fueron los padres del general y abogado Domingo Vásquez Toruño (3 agosto 1846-11 diciembre 1909) quién estuvo al frente del Ejecutivo entre 1893 y 1894. Manuel Emigdio fue abuelo de José Policarpo Bonilla Vásquez. O sea que Domingo era tío de Policarpo. Su hermana María Luisa Antonia Sinforosa se casó con Manuel José Midence Zelaya (1765-1828), el hijo de Antonio Midence Garaicoa y María Josefa Zelaya Paz.

José María recibió en depósito el Ejecutivo del 10 de septiembre al 1 de octubre de 1835, luego fue nombrado vicepresidente entre 1838-1839, consejero encargado del 20 al 27 de agosto de 1839, ministro de Guerra (1839-1840), magistrado de la Corte Suprema de Justicia de Comayagua (1853-1855) en la administración presidencial de José Trinidad Francisco Cabañas Fiallos.

PETRONILA HILARIA BARRIOS ESPINOZA

(Santa Tecla, El Salvador 1815-idem 1896). Petronila, Ester, Catarina, Onicéfora y María Josefa eran hermanas del presidente salvadoreño José Gerardo Barrios Espinoza (1813-1865). Hijos de José María Barrios Cisneros y Petrona Espinoza. Fue su esposo el militar, José Trinidad Francisco Cabañas Fiallos (Tegucigalpa, 9 junio 1805-Comayagua, 8 enero 1871).

Era José Trinidad Francisco, hijo de José María Cabañas Herrera y Juana María Fiallos Castejón, padres también de Josefa, Nieves, Gregorio y Urbano Cabañas Fiallos.

Su padre, José María era primo hermano de Próspero José, Justo José Vicente y José Dionisio de Herrera Díaz. Por lo tanto, José Trinidad Francisco y sus hermanos eran sobrinos en 2° grado de los hermanos Herrera Díaz.

Su abuela materna era María Antonia Herrera Rivera hermana de Juan Jacinto Herrera Rivera, el esposo de Paula Díaz Izaguirre. Sus bisabuelos maternos fueron Pedro Mártir Fiallos y Bernarda Peña Lozano, Nicolás Castejón y María de la Concepción Díaz.

Sucedió en el poder a su primo Juan Nepomuceno Fernández Lindo y Zelaya. Cabañas Fiallos fue presidente constitucional del 1 de marzo de 1852 al 18 de octubre de 1855. Durante su administración se dieron los primeros intentos por construir una línea férrea interoceánica.

Después de la derrota sufrida en Masaguara, Intibucá ante las fuerzas militares dirigidas por el General Juan Francisco López Aguirre, tuvo que salir del país rumbo a Costa Rica.

SEVERINA ARBIZÚ

Su esposo, José Santiago Bueso Soto nació en Comayagua en 1783 y murió en la misma a los 74 años el 6 de mayo 1857. Fue hijo de Pedro Regalado Bueso e Isabel María Soto, Severina y José Santiago procrearon a Pedro José (29 abril 1812-), María Félix (1818-) y Mónico Bueso Arbizú[120].

Fue José Santiago un abogado, suscriptor del acta de Independencia de 1821, diputado por el departamento de Olancho, delegado suplente ante la Confederación Centroamericana que resulto de la convención de Chinandega y ante la dieta de Nacaome (instalada el 6 de junio de 1847 con el objetivo de reorganizar la República), magistrado de la Corte Superior de Justicia. Vicepresidente durante el gobierno de Cabañas Fiallos, pero al ser éste, derrocado por las fuerzas militares guatemaltecas y hondureñas, recibió la presidencia de manera provisional el 18 de octubre de 1855. Sin embargo, aduciendo razones de salud entregó el cargo el 8 de noviembre de ese mismo año a Francisco Aguilar[121].

SOLEDAD DE JESÚS GUTIÉRREZ LOZANO

(Ojojona, Francisco Morazán 20 mayo 1827- Tegucigalpa 25 enero 1907).

Fueron sus padres José María Gutiérrez Osejo (-1832) y Margarita Lozano Lardizábal, padres también del diplomático Carlos Enrique (1829-1883) y Carlos Arnulfo Gutiérrez Lozano (1818-1892). Su madre Margarita era hija de José Calixto Lozano Borjas y Ana Josefa Lardizábal. Soledad de Jesús se casó con el General Juan Francisco López Aguirre (1810-1882) y fueron los padres del ministro de Relaciones Exteriores José Antonio (Tegucigalpa, 1847-Washington, 10 noviembre 1922) el esposo de Josefina Ulloa Morazán (nieta del General Morazán) y del presidente Rafael Salvador López Gutiérrez "Pacán" del 1 de febrero de 1920 al 10 de marzo de 1924.

Carlos Arnulfo Gutiérrez Lozano fue un abogado y escritor de crónicas sobre los acontecimientos políticos europeos, los que fueron publicadas en el diario El Guatemalteco.

También de su autoría son *Memorias del benemérito don Francisco Morazán, antiguo presidente de la república de Honduras* (1870), *Fray Bartolomé de las Casas, sus tiempos y su apostolado, Breve reseña de los progresos y persecuciones que sufre la Iglesia Católica en el continente europeo* (1873), y *Relación histórica. Contratiempos que ha sufrido la construcción de un ferrocarril a través de Honduras* (1875)[122].

El Gral. López Aguirre ejerció la presidencia de manera interina del 27 de abril al 21 de noviembre de 1867. Su esposa Soledad de Jesús fue tía de María Raquel y Emma Sotera Gutiérrez Lardizábal, la esposa del presidente José Policarpo Bonilla Vásquez (1858-1926) padres de María Emma del Socorro y Juana María Vicenta Bonilla Gutiérrez. María Emma del Socorro se casó con Manuel Larios y Juana María Vicenta con Venancio Callejas Lozano (1886-1947), hermano del abuelo del presidente Rafael Leonardo Callejas (1943-2020).

TERESA MOREJÓN FERRERA

(Yoro, 20 octubre 1860-4 febrero 1929). Al cumplir los 19 años, Teresa contrajo matrimonio con el abogado, militar y presidente Luís Bográn Baraona (Santa Bárbara, 3 junio 1849-Guatemala, 9 julio 1895). Teresa "la alondra de Chaiguapa" era hija de José Antonio Morejón Marín y Faustina Ferrera, fueron sus hermanas Fidelia y Francisca. Su esposo era hijo de Saturnino Bográn Bonilla (1811-1869) y Manuela Gertrudis Baraona Leiva (1826-1854). Teresa y Luís fueron los padres de Gertrudis "Tulián" (30 abril 1880-22 marzo 1959), Concepción "Chona" (18 abril 1881-15 marzo 1958), Teresa Hilaria, Luís (24 feb 1886-2 agosto 1937), Antonio (4 marzo 1886-) y Román (1 nov 1894-22 julio 1953) Bográn Morejón[123].

Luís Bográn Baraona se hizo cargo de la presidencia a partir del 30 de noviembre de 1883 hasta la misma fecha en 1891. Como funcionario público se desempeñó como gobernador político y comandante de armas, diputado a la Asamblea Constituyente por el departamento de Yoro, ministro de Gobernación, Justicia e Instrucción Pública y ministro de Fomento. Protector de la educación y la libertad de prensa. En su administración se construyó la Escuela de Artes y Oficios (1890) de Tegucigalpa, el colegio Independencia de Santa Bárbara, el León Alvarado en Comayagua y El Porvenir en Tegucigalpa.

También se concluyó la carrera al Sur (Tegucigalpa-San Lorenzo) y se abrieron nuevas vías de comunicación, se construyó el parque Bográn, rebautizado en la administración Carías Andino como parque La Concordia. Decretó la creación del juzgado de Hacienda y la Ley de

Contrabando y Defraudación Fiscal, se autorizó la fusión del banco Nacional Hondureño con el Centroamericano para formar una nueva institución financiera: el Banco de Honduras. se introdujo el agua y la luz en la capital.

Fue miembro de la Academia Literaria de Honduras organizada en 1889, en su administración se fundaron el colegio Independencia de Santa Bárbara y la Escuela de Artes y Oficios de Tegucigalpa.

CONCLUSIONES

Estudiar la otra parte de la historia hondureña, representada por esas mujeres que, en su condición de esposas o compañeras de aquellos que se hicieron cargo del Ejecutivo, por unas horas, días, semanas o meses, ha requerido un gran esfuerzo.

La casi inexistencia de datos demuestra el poco interés por conocer esta otra parte de la historia, de saber quiénes fueron o de que familias provenían. Leticia de Oyuela dejó algunos escritos sobre el rol de la mujer en las diferentes épocas de nuestra historia, desde la colonia cuando eran consideradas miembros familiares de segunda categoría, cuando no podían heredar o realizar actos de comercio si no tenían la aprobación del marido o de algún otro miembro varón de su familia.

Y en los inicios de la época republicana que aun cuando se estaban produciendo cambios de actitud, pensamiento y demás, la mujer permanecía recluida en el espacio temporal *casa-mujer*. La mujer se enfrenta dentro de ese espacio al autoritarismo del marido, y también a la violencia producto de las guerras que la obligan a huir junto a él y refugiarse en hogares de amigos y conocidos.[124]

Esta investigación comienza en los primeros años de Honduras como Estado independiente del imperio español, con José Dionisio de la Trinidad Herrera Díaz y María Micaela Josefa Quezada Borjas. Continúa desarrollándose en medio de guerras intestinas e invasiones comandadas por caudillos liberales o conservadores ávidos de poder. Concluye con las dos primeras administraciones del siglo XX, las que representan el fin de los gobiernos afines a la dictadura encarnada en

Tiburcio Carías Andino y Elena de Jesús Castillo: Juan Manuel Gálvez Durón-Laura Barnes Paredes y Julio Lozano Díaz-Laura Vijil Lozano.

La intención de este trabajo es conocer más sobre quienes sobrellevaron la difícil tarea de formar parte de la vida de tan controvertidos personajes. Por ello, se ha antepuesto el nombre de cada una de estas mujeres, esposas o compañeras de quienes alcanzaron la primera magistratura del Estado. Al estar ordenado alfabéticamente, queda demostrada nuestra intención de no repetir hechos históricos ya muchas veces expuestos. Si no es con brevedad de los mismos en que ellos participaron.

Se expone en el desarrollo de este trabajo, el importante papel que jugaron los distintos vínculos familiares entre la elite política, mismos que contribuyeron a forjar el Estado del cual se sirvió toda la parentela.

Además de las fuentes documentales físicas, se han utilizado muchos recursos de internet, especialmente los dedicados a la divulgación de datos genealógico. Siendo uno de estos instrumentos los registros civiles y parroquiales de Honduras, Nicaragua, El Salvador y Guatemala ubicados en el sitio FamilySearch.org, el cual nos ha mostrado datos específicos y correctos como los nombres completos, fechas de nacimiento, bautizos, matrimonios y defunciones.

Con ello, quedan claramente establecidos y confirmados dichos datos. Mismos que durante mucho tiempo han sido divulgados y repetidos a veces erróneamente. Pero aún hace faltan mucha información, la cual esperamos continuar investigando.

BIBLIOGRAFÍA Y WEBGRAFÍA

"Guatemala bautismos, 1730-1917", database, *FamilySearch*
(https://familysearch.org/ark:/61903/1:1:FLZD-DDS: 4 February
2020), Josef Tomas de Zelaya in entry for Joaquina Josefa de
Zelaya, 1788.

"Honduras, Registro Civil, 1841-1968," database with images,
FamilySearch (https://familysearch.org/ark:/61903/1:1:QKDY-
R5YR: 3 March 2021), Camila Rodrigues in entry for Miguel
Oqueli Rodriguez; citing Birth Registration, Tegucigalpa, Francisco
Morazán, Honduras, Archivo del registro civil (Archive of civil
registration), Tegucigalpa; FHL microfilm 1,161,710.

"Honduras, Registro Civil, 1841-1968," database with images,
FamilySearch
(https://www.familysearch.org/ark:/61903/1:1:QP3H-71VM: 1 July
2022), Elena de Jesús Castillo; citing Birth Registration,
Tegucigalpa, Distrito Central, Francisco Morazán, Honduras,
Archivo del registro civil (Archive of civil registration),
Tegucigalpa; FHL microfilm.

"Honduras, registros parroquiales y diocesanos, 1633-1978," database
with images, *FamilySearch*
(https://familysearch.org/ark:/61903/1:1:QPPX-Y78K: 10 April
2020), Rafael Lopez and Anita Lagos, 15 Apr 1896; citing
Marriage, Tegucigalpa, Distrito Central, Francisco Morazán,
Honduras, Arquidiócesis de Tegucigalpa (Catholic Church parishes,
Archdiocese of Tegucigalpa), Honduras; FHL microfilm
004871928.

"Honduras, registros parroquiales y diocesanos, 1633-1978," database with images, *FamilySearch* (https://www.familysearch.org/ark:/61903/1:1:QVRX-9D9J: 6 January 2022), Guillermo Buxchan and Francisca Bustillo, 05 May 1857; citing Marriage, Inmaculada Concepción, Juticalpa, Olancho, Honduras, Arquidiócesis de Tegucigalpa (Catholic Church parishes, Archdiocese of Tegucigalpa), Honduras; FHL microfilm 004709583.

"Honduras, registros parroquiales y diocesanos, 1633-1978," database with images, *FamilySearch* (https://familysearch.org/ark:/61903/1:1:QVRX-9QZL: 10 April 2020), Josefa Rafaela Chirinos in entry for Maria Dominga Chirinos, 28 Aug 1825; citing Baptism, Inmaculada Concepción, Juticalpa, Olancho, Honduras, Arquidiócesis de Tegucigalpa (Catholic Church parishes, Archdiocese of Tegucigalpa), Honduras; FHL microfilm 004709583.

"Honduras, registros parroquiales y diocesanos, 1633-1978," database with images, *FamilySearch* (https://familysearch.org/ark:/61903/1:1:KXPM-FSX: 10 April 2020), Mercedes Rodriguez in entry for Camila Josefa Rodriguez Rodriguez, 31 Aug 1873; citing Baptism, San Miguel, Tegucigalpa, Francisco Morazán, Honduras, Arquidiócesis de Tegucigalpa (Catholic Church parishes, Archdiocese of Tegucigalpa), Honduras; FHL microfilm 004703297.

"Honduras, registros parroquiales y diocesanos, 1633-1978," database with images, *FamilySearch* (https://www.familysearch.org/ark:/61903/1:1:ZXT1-KCZM: 17 July 2020), Mercedes Rodriguez in entry for Miguel Oquelí, 10 May 1884; citing Marriage, Honduras, Arquidiócesis de Tegucigalpa (Catholic Church parishes, Archdiocese of Tegucigalpa), Honduras; FHL microfilm 005017483.

"Honduras, registros parroquiales y diocesanos, 1633-1978," database with images, *FamilySearch* (https://familysearch.org/ark:/61903/1:1:KXGB-YH7: 10 April 2020), Leona Josefa Salgado in entry for Damiana Josefa Galves Salgado, 28 Oct 1836; citing Baptism, San Miguel, Tegucigalpa, Francisco Morazán, Honduras, Arquidiócesis de Tegucigalpa (Catholic Church parishes, Archdiocese of Tegucigalpa), Honduras; FHL microfilm 004703294.

"Honduras, registros parroquiales y diocesanos, 1633-1978," database with images, *FamilySearch* (https://familysearch.org/ark:/61903/1:1:QPJN-CNL1: 10 April 2020), Mauricio Claudio Rosal and Marta Beatriz Carías Castillo, 24 Oct 1937; citing Marriage, Tegucigalpa, Distrito Central, Francisco Morazán, Honduras, Arquidiócesis de Tegucigalpa (Catholic Church parishes, Archdiocese of Tegucigalpa), Honduras; FHL microfilm 005017484.

"Honduras, registros parroquiales y diocesanos, 1633-1978," database with images, *FamilySearch* (https://familysearch.org/ark:/61903/1:1:KXG1-P3J: 10 April 2020), Sara Franca de Paula Andino Rivera, 22 Jan 1848; citing Baptism, San Miguel, Tegucigalpa, Francisco Morazán, Honduras, Arquidiócesis de Tegucigalpa (Catholic Church parishes, Archdiocese of Tegucigalpa), Honduras; FHL microfilm 004703295.

"Honduras, registros parroquiales y diocesanos, 1633-1978," database with images, *FamilySearch* (https://familysearch.org/ark:/61903/1:1:KXPM-CLS: 10 April 2020), Ema Sotera Gutierres Lardizábal, 24 May 1873; citing Baptism, San Miguel, Tegucigalpa, Francisco Morazán, Honduras, Arquidiócesis de Tegucigalpa (Catholic Church parishes, Archdiocese of Tegucigalpa), Honduras; FHL microfilm 004703297.

"Honduras, registros parroquiales y diocesanos, 1633-1978," database with images, *FamilySearch* (https://familysearch.org/ark:/61903/1:1:QVRF-SRTS: 10 April

2020), Samuel Francisco Bogran Leiva, 24 Jun 1892; citing Baptism, Trinidad, Trinidad, Santa Bárbara, Honduras, Arquidiócesis de Tegucigalpa (Catholic Church parishes, Archdiocese of Tegucigalpa), Honduras; FHL microfilm 004710231.

"Honduras, registros parroquiales y diocesanos, 1633-1978," database with images, *FamilySearch* (https://familysearch.org/ark:/61903/1:1:QK6V-G5SB: 10 April 2020), Joaquina Zelaya in entry for Maria Josefa del Rosario Zelaya Zelaya, 17 May 1818; citing Baptism, Santa Rosa de Lima, Santa Rosa de Copán, Copán, Honduras, Arquidiócesis de Tegucigalpa (Catholic Church parishes, Archdiocese of Tegucigalpa), Honduras; FHL microfilm 004710193.

"Honduras, registros parroquiales y diocesanos, 1633-1978," database with images, *FamilySearch* (https://familysearch.org/ark:/61903/1:1:QVRX-M464: 10 April 2020), Josefa Dolores Victoriana Rodesno Motiño, 02 Apr 1820; citing Baptism, Inmaculada Concepción, Juticalpa, Olancho, Honduras, Arquidiócesis de Tegucigalpa (Catholic Church parishes, Archdiocese of Tegucigalpa), Honduras; FHL microfilm 004709583.

"Honduras, registros parroquiales y diocesanos, 1633-1978," database with images, *FamilySearch* (https://familysearch.org/ark:/61903/1:1:7T7J-B2N2: 10 April 2020), Juana Paula Alcántara in entry for José Domingo Arias Alcántara, 23 Dec 1830; citing Baptism, Caridad, Valle, Honduras, Arquidiócesis de Tegucigalpa (Catholic Church parishes, Archdiocese of Tegucigalpa), Honduras; FHL microfilm 004000188.

"Honduras, registros parroquiales y diocesanos, 1633-1978," database with images, *FamilySearch* (https://familysearch.org/ark:/61903/1:1:KXGZ-KDL: 10 April 2020), Laura Vigil Lozano, 23 May 1891; citing Baptism, Valle de

Angeles, Francisco Morazán, Honduras, Arquidiócesis de Tegucigalpa (Catholic Church parishes, Archdiocese of Tegucigalpa), Honduras; FHL microfilm 004702787.

"Honduras, registros parroquiales y diocesanos, 1633-1978," database with images, *FamilySearch* (https://familysearch.org/ark:/61903/1:1:QPZ9-YXV4: 10 April 2020), Lucia Lastiri; citing Death, Tegucigalpa, Distrito Central, Francisco Morazán, Honduras, Arquidiócesis de Tegucigalpa (Catholic Church parishes, Archdiocese of Tegucigalpa), Honduras; FHL microfilm 005017484.

"Honduras, registros parroquiales y diocesanos, 1633-1978," database with images, *FamilySearch* (https://familysearch.org/ark:/61903/1:1:KXGB-L48: 10 April 2020), Santos del Valle in entry for Juana Leonor del Valle Lastiri, 22 Jul 1832; citing Baptism, San Miguel, Tegucigalpa, Francisco Morazán, Honduras, Arquidiócesis de Tegucigalpa (Catholic Church parishes, Archdiocese of Tegucigalpa), Honduras; FHL microfilm 004703294.

"Honduras, registros parroquiales y diocesanos, 1633-1978," database with images, *FamilySearch* (https://familysearch.org/ark:/61903/1:1:QVRX-KW7W: 10 April 2020), Margarita Fiallos Castellano, 24 Feb 1873; citing Baptism, Santa Rosa de Lima, Santa Rosa de Copán, Copán, Honduras, Arquidiócesis de Tegucigalpa (Catholic Church parishes, Archdiocese of Tegucigalpa), Honduras; FHL microfilm 004710194.

"Honduras, registros parroquiales y diocesanos, 1633-1978," database with images, *FamilySearch* (https://familysearch.org/ark:/61903/1:1:2V4C-XW7: 10 April 2020), José María Martinez and Margarita Cortes, 29 Sep 1820; citing Marriage, Inmaculada Concepción, Comayagua, Comayagua, Honduras, Arquidiócesis de Tegucigalpa (Catholic Church parishes,

Archdiocese of Tegucigalpa), Honduras; FHL microfilm 004708142.

"Honduras, registros parroquiales y diocesanos, 1633-1978," database with images, *FamilySearch* (https://familysearch.org/ark:/61903/1:1:2V4C-X63: 10 April 2020), Guillen in entry for Felix José Martínez Guillen, 11 Jul 1821; citing Baptism, Inmaculada Concepción, Comayagua, Comayagua, Honduras, Arquidiócesis de Tegucigalpa (Catholic Church parishes, Archdiocese of Tegucigalpa), Honduras; FHL microfilm 004708143.

"Honduras, registros parroquiales y diocesanos, 1633-1978," database with images, *FamilySearch* (https://familysearch.org/ark:/61903/1:1:KXGB-2PN: 10 April 2020), Maria Escolastica Herrera in entry for Jose Fernando Antonio Bustamte Herrera, 31 May 1812; citing Baptism, San Miguel, Tegucigalpa, Francisco Morazán, Honduras, Arquidiócesis de Tegucigalpa (Catholic Church parishes, Archdiocese of Tegucigalpa), Honduras; FHL microfilm 004703293.

"Honduras, registros parroquiales y diocesanos, 1633-1978," database with images, *FamilySearch* (https://familysearch.org/ark:/61903/1:1:414W-TG6Z: 10 April 2020), Terencio Sierra Romero, 23 Nov 1898; citing Marriage, Honduras, Arquidiócesis de Tegucigalpa (Catholic Church parishes, Archdiocese of Tegucigalpa), Honduras; FHL microfilm 004708474.

"Honduras, registros parroquiales y diocesanos, 1633-1978," database with images, *FamilySearch* (https://familysearch.org/ark:/61903/1:1:2V4Z-VXV: 10 April 2020), Felipe Neri Medina in entry for Felis Panfilo Medina Gomes, 13 Oct 1837; citing Baptism, Inmaculada Concepción, Comayagua, Comayagua, Honduras, Arquidiócesis de Tegucigalpa (Catholic Church parishes, Archdiocese of Tegucigalpa), Honduras; FHL microfilm 004708150.

"Honduras, registros parroquiales y diocesanos, 1633-1978," database with images, *FamilySearch* (https://familysearch.org/ark:/61903/1:1:QK6V-GGK9: 10 April 2020), Maria de los Dolores Medina Orellana, 07 Nov 1828; citing Baptism, Santa Rosa de Lima, Santa Rosa de Copán, Copán, Honduras, Arquidiócesis de Tegucigalpa (Catholic Church parishes, Archdiocese of Tegucigalpa), Honduras; FHL microfilm 004710193.

"Honduras, registros parroquiales y diocesanos, 1633-1978," database with images, *FamilySearch* (https://www.familysearch.org/ark:/61903/1:1:CB7N-232M: 18 June 2020), Federico Francisco Ferrera; citing Marriage, Arquidiócesis de Tegucigalpa (Catholic Church parishes, Archdiocese of Tegucigalpa), Honduras; FHL microfilm 004709449.

"Honduras, registros parroquiales y diocesanos, 1633-1978," database with images, *FamilySearch* (https://familysearch.org/ark:/61903/1:1:KXPM-1M7: 10 April 2020), María Gumersinda Inestrosa Ocampo, 19 Nov 1882; citing Baptism, San Miguel, Tegucigalpa, Francisco Morazán, Honduras, Arquidiócesis de Tegucigalpa (Catholic Church parishes, Archdiocese of Tegucigalpa), Honduras; FHL microfilm 004703297.

"Honduras, registros parroquiales y diocesanos, 1633-1978," database with images, *FamilySearch* (https://familysearch.org/ark:/61903/1:1:QVR6-BTL4: 10 April 2020), Santiago M B Barnes in entry for Maria Laura Barnes Paredes, 26 Mar 1899; citing Baptism, San Pedro Apóstol, San Pedro Sula, Cortés, Honduras, Arquidiócesis de Tegucigalpa (Catholic Church parishes, Archdiocese of Tegucigalpa), Honduras; FHL microfilm 004709577.

"Honduras, registros parroquiales y diocesanos, 1633-1978," database with images, *FamilySearch* (https://familysearch.org/ark:/61903/1:1:QK6V-BTJC: 10 April 2020), María Luisa de Jesús Castro Acosta, 29 Aug 1840; citing Baptism, San Jerónimo, Gualaco, Olancho, Honduras, Arquidiócesis de Tegucigalpa (Catholic Church parishes, Archdiocese of Tegucigalpa), Honduras; FHL microfilm 004710371.

"Honduras, registros parroquiales y diocesanos, 1633-1978," database with images, *FamilySearch* (https://www.familysearch.org/ark:/61903/1:1:ZWC6-PZZM: 10 December 2021), Ponciano De Leiba Madrid, 4 Dec 1823; citing Baptism, , Arquidiócesis de Tegucigalpa (Catholic Church parishes, Archdiocese of Tegucigalpa), Honduras; FHL microfilm 004708447.

"Honduras, registros parroquiales y diocesanos, 1633-1978," database with images, *FamilySearch* (https://familysearch.org/ark:/61903/1:1:CKXD-XVW2: 17 April 2020), José Antonio Marquez in entry for Teresa M Rivera, 3 Mar 1897; citing Death, Cedros, Francisco Morazán, Honduras, Arquidiócesis de Tegucigalpa (Catholic Church parishes, Archdiocese of Tegucigalpa), Honduras; FHL microfilm 005017486.

"Honduras, registros parroquiales y diocesanos, 1633-1978," database with images, *FamilySearch* (https://familysearch.org/ark:/61903/1:1:KXGB-T95: 10 April 2020), Pedro José del Valle Salvador, 06 Dec 1824; citing Baptism, San Miguel, Tegucigalpa, Francisco Morazán, Honduras, Arquidiócesis de Tegucigalpa (Catholic Church parishes, Archdiocese of Tegucigalpa), Honduras; FHL microfilm 004703294.

"Honduras, registros parroquiales y diocesanos, 1633-1978," database with images, *FamilySearch* (https://familysearch.org/ark:/61903/1:1:2V48-QX4: 10 April 2020), María Victoria Alvarado Buchard, 18 Nov 1892; citing

Baptism, Inmaculada Concepción, Comayagua, Comayagua, Honduras, Arquidiócesis de Tegucigalpa (Catholic Church parishes, Archdiocese of Tegucigalpa), Honduras; FHL microfilm 004708150.

"Honduras, registros parroquiales y diocesanos, 1633-1978," database with images, *FamilySearch* (https://www.familysearch.org/ark:/61903/1:1:QVR6-TZH3: 13 July 2022), Miguel Paz Barahona and Mariana Leiva, 19 Jun 1901; citing Marriage, Santa Cruz de Yojoa, Santa Cruz de Yojoa, Cortés, Honduras, Arquidiócesis de Tegucigalpa (Catholic Church parishes, Archdiocese of Tegucigalpa), Honduras; FHL microfilm 004709573.

"Honduras, registros parroquiales y diocesanos, 1633-1978," database with images, *FamilySearch* (https://www.familysearch.org/ark:/61903/1:1:CB46-DRW2: 18 June 2020), Nicolasa Aviles in entry for Jose Julian Cruz Aviles, 9 Jan 1843; citing Baptism, , Arquidiócesis de Tegucigalpa (Catholic Church parishes, Archdiocese of Tegucigalpa), Honduras; FHL microfilm 004709449.

"Honduras, registros parroquiales y diocesanos, 1633-1978," database with images, *FamilySearch* (https://familysearch.org/ark:/61903/1:1:HS36-2XMM: 10 April 2020), Melesia Saldívar in entry for Carlos M Andino, 12 Jun 1938; citing Marriage, San Pedro Sula, Cortés, Honduras, Arquidiócesis de Tegucigalpa (Catholic Church parishes, Archdiocese of Tegucigalpa), Honduras; FHL microfilm 004709582.

"Honduras, registros parroquiales y diocesanos, 1633-1978," database with images, *FamilySearch* (https://familysearch.org/ark:/61903/1:1:QVR6-55XZ: 10 April 2020), Miguel Paz Barahona in entry for Ponciano Paz and Rosalina Rodríguez, 16 Jul 1927; citing Marriage, Corazón de Jesús, Puerto Cortés, Cortés, Honduras, Arquidiócesis de

Tegucigalpa (Catholic Church parishes, Archdiocese of Tegucigalpa), Honduras; FHL microfilm 004709570.

"Honduras, registros parroquiales y diocesanos, 1633-1978," database with images, *FamilySearch* (https://familysearch.org/ark:/61903/1:1:QVRX-PT24: 10 April 2020), Mariana Milla in entry for Jesús María Medina Milla, 25 Mar 1863; citing Baptism, Virgen de las Mercedes, Erandique, Lempira, Honduras, Arquidiócesis de Tegucigalpa (Catholic Church parishes, Archdiocese of Tegucigalpa), Honduras; FHL microfilm 004710206.

"Honduras, registros parroquiales y diocesanos, 1633-1978," database with images, *FamilySearch* (https://familysearch.org/ark:/61903/1:1:QPVC-3M68: 10 April 2020), Miguel R Davila and Narcisa Romero, 3 Nov 1894; citing Marriage, Tegucigalpa, Distrito Central, Francisco Morazán, Honduras, Arquidiócesis de Tegucigalpa (Catholic Church parishes, Archdiocese of Tegucigalpa), Honduras; FHL microfilm 004871928.

"Honduras, registros parroquiales y diocesanos, 1633-1978," database with images, *FamilySearch* (https://familysearch.org/ark:/61903/1:1:QVR6-85JG: 10 April 2020), Miguel R Dávila in entry for Miguel Rafael Dávila Erazo, 28 Jul 1922; citing Baptism, Inmaculada Concepción, Juticalpa, Olancho, Honduras, Arquidiócesis de Tegucigalpa (Catholic Church parishes, Archdiocese of Tegucigalpa), Honduras; FHL microfilm 004708116.

"Honduras, registros parroquiales y diocesanos, 1633-1978," database with images, *FamilySearch* (https://familysearch.org/ark:/61903/1:1:KXGB-6JY: 10 April 2020), Severina Arbisu in entry for Pedro Jose Bocio Arbisu, 29 Apr 1812; citing Baptism, San Miguel, Tegucigalpa, Francisco Morazán, Honduras, Arquidiócesis de Tegucigalpa (Catholic

Church parishes, Archdiocese of Tegucigalpa), Honduras; FHL microfilm 004703293.

"Honduras, registros parroquiales y diocesanos, 1633-1978," database with images, *FamilySearch* (https://familysearch.org/ark:/61903/1:1:QPVC-3M68: 10 April 2020), Miguel R Davila and Narcisa Romero, 3 Nov 1894; citing Marriage, Tegucigalpa, Distrito Central, Francisco Morazán, Honduras, Arquidiócesis de Tegucigalpa (Catholic Church parishes, Archdiocese of Tegucigalpa), Honduras; FHL microfilm 004871928.

"Nicaragua Registro Civil, 1809-2013," database with images, *FamilySearch* (https://www.familysearch.org/ark:/61903/1:1:66DZ-XGRN: 2 September 2022), Carmen Aleman V De Sierra, 19 Feb 1915; citing p. line, Death Registration; Asociación de municipios de Nicaragua (Association of Nicaragua Municipalities), Amunic.

"Nicaragua Registro Civil, 1809-2013," database with images, *FamilySearch* (https://www.familysearch.org/ark:/61903/1:1:6ZGH-B9PV: 6 September 2022), Marcelino Sanabria in entry for Brigida Sanabria Aleman, 27 Dec 1944; citing p., line, Death Registration; Asociación de municipios de Nicaragua (Association of Nicaragua Municipalities), Amunic.

Alger P, J. (1995). *Opalinaria (la canción de los ópalos)*. Tegucigalpa; Guaymuras.

Anita Lagos Laínez https://ancestors.familysearch.org/en/LB5B-Y63/anita-lagos-lainez-1874.

Antúnez Castillo, R. (12-18 mayo 1957). El feminismo en Honduras. *Conferencia de educación del Caribe*. San Juan, Puerto Rico.

Antúnez Castillo, R. (1967). *Biografía del matrimonio Bográn Morejón*, Tegucigalpa; Editora Nacional.

Ardón, J.R. (s/f). *Herrera ciudadano de la libertad y de la gloria*. Tegucigalpa; CETTNA.

Arias, C. (1887). *Mis ideas*. Elección presidencial. Comayagua; Tipografía del Gobierno

Ayes Cerna, C.E. (24 julio 2017). *Los descendientes de Manuel Bonilla* en https://leahonduras.com/index.php?option=com_content&view=article&id.

Bueso Arias, J. (26 junio 2021). El golpe de Estado de 1956 - *Diario La Tribuna* en https://www.latribuna.hn/2021/06/26/el-golpe-de-estado-de-1956.

Bueso Yescas, M.A. (1996). *Santa Rosa de Los llanos cuna de la República*. Tegucigalpa; Graficentro Editores.

Cáceres Lara, V. (1964). *Fechas de la historia de Honduras*. Tegucigalpa; Tipografía Nacional.

------------------------(1980). *Efemérides Nacionales*. Tegucigalpa; Banco Central de Honduras. t II.

----------------------- (1992). *Gobernantes de Honduras en el siglo 20 (de Terencio Sierra a Vicente Tosta)*. Tegucigalpa; Lit. López.

Castellanos, P.E. (24 julio 2017). Don Chico Cruz. *Anales de la historia* https://leahonduras.com/index.php?option=com_content&view=category.

Castellanos, V. (1 octubre 1862). Al bello sexo de la ciudad de Tegucigalpa. *Gaceta Oficial*. San Salvador, tomo10 No. 95

Castillo Canelas. P. (2022). *Familias de alcurnia en la historia hondureña, una aproximación histórica-genealógica entre los siglos XVIII y XX*. Tegucigalpa; DEGT-UNAH.

Cortés C., H.R. (2 junio 2013). Ana Mateo Arbizú Flores de Guardiola. Revista Yuscarán, ayer y hoy en https://yuscaran-historia.blogspot.com/2013/06/ana-mateo-arbizu-flores.

Descendencia del matrimonio Bustillo Ayala: Los parientes de Clementina Suárez. *Anales Históricos, La Tribuna, 13 de mayo de 2017*. https://www.latribuna.hn/2017/05/13/descendencia-del-matrimonio-bustilloayala.

Doctrina del Destino Manifiesto - EcuRed
https://www.ecured.cu/Doctrina_del_Destino_Manifiesto

Dominga Ayes Bertrand (c.1779 - d.) -
Genealogyhttps://www.geni.com/people/Dominga-Ayes-
Bertrand/6000000003493368652

Durón, R.E. (1915) *Biografía del presbítero don Francisco Antonio
Márquez* escrita para el certamen literario abierto por el Ateneo de
Honduras el 4 de abril de 1914, con ocasión de los juegos florales.
Tegucigalpa; Tipo Litografía y Fotograbado Nacionales.

-------------- (1930). *Biografía de don Juan Nepomuceno Fernández
Lindo y Zelaya.* San Pedro Sula; Editora Nacional.

------------- (1940). *José Justo Milla.* Estudio biográfico. Tegucigalpa;
Tipografía Nacional.

-------------- (1944). *Biografía del Doctor Marco Aurelio Soto.*
Tegucigalpa; Talleres Tipográficos Nacionales.

-------------- (1965). *Don Joaquín Rivera y su tiempo.* tomo I.
Tegucigalpa; Ministerio de Educación Pública.

Emilio Victor Soto Mijangos (deceased) - Genealogy
https://www.geni.com/people/Emilio-Soto-
Mijangos/6000000043907684143

Euraque, D.A. (2001). *El capitalismo de San Pedro Sula. La historia
política hondureña (1870-1972).* Tegucigalpa: Guaymuras. 2ª
edición.

Fallece exprimera dama de la Nación. (12 febrero 1960). *Diario El
Pueblo* # 3033. Tegucigalpa.

Fasquelle, P. (2011) En Renán Martínez
(https://brevesbiografiasliteraturahn.blogspot.com/2011/05/miguel-
paz).

Fernández, J.J. (1919). *La revolución de Oriente.* Apuntes para la
historia contemporánea nacional. Tegucigalpa; Tipografía Nacional.

Francisca Fiallos (1885–1954) FamilySearch
https://ancestors.familysearch.org/en/LCCV-VD4/francisca-fiallos-
1885-1954

Francisco Ferrera. (#6 julio 1969). *Anales del Archivo Nacional.* Tegucigalpa.

García B., E. (2021). *De una élite regional a una facción política. Rearticulación de las relaciones de poder y configuración de un proyecto nacional en Honduras (1786-1845).* Tegucigalpa; Guaymuras.

García, M.A. (1947). *Diccionario histórico-enciclopédico de la República de El Salvador.* 1ª edición. San Salvador; Imprenta Nacional.

Genealogía del linaje Guerrero de Arcos www.bendanaguerrerodearcos.com/genealogia-guererro-de-arco...

General Jose Francisco Zelaya Ayes (1798 - 1848) - Genealogy en https://www.geni.com/people/General-Zelaya-Ayes/6000000003493368635.

Guardiola Cubas, E. (1953). *Vida y hechos del General Santos Guardiola.* Tegucigalpa; Tipografía Nacional.

Guzmán, E. (julio-agosto, 1960) Diario íntimo de don Enrique Guzmán. *Revista Conservadora* en https://sajurin.enriquebolanos.org/docs/1095.pdf.

Historias que unen: LA TUMBA OLVIDADA DE SIERRA en https://www.latribuna.hn/2017/10/21/historias-unen-la-tumba-olvidada-sierra.

Homenaje de sus amigos en el aniversario de su nacimiento (7 junio 1916). *Al General don Manuel Bonilla.* Tegucigalpa; Tipolitografía y Foto-grabados Nacionales.

Jesús Planas Zúñiga 1856-1888 - Ancestry® https://www.ancestry.com/genealogy/records/jesús-planas-zúñiga-24-3401gt2

José Antonio de la Milla y Castejón 1810-1871 - Ancestry® en https://www.ancestry.com/genealogy/records/josé-antonio-de-la-milla-y.

Josefa Celestina Mijangos Pibaral. Registro Civil de Guatemala en https://www.familysearch.org/es/wiki/Registro_Civil_de_Guatemal a registros parroquiales y diocesanos, 1581-1977.

Josefa Irene Ursula Milla Castejón (1803 - d.) - Genealogy https://www.geni.com/people/Josefa-Milla-Castejón/6000000018861233743.

Lagos, A. R. et. (1927). *Homenaje fúnebre Doctor Policarpo Bonilla*. Ahuachapán, El Salvador; empresa Gutenberg.

Leiva Vivas, R. (2005). *Diplomacia y literatura en Honduras*. Tegucigalpa; Secretaría de Relaciones Exteriores.

Lozano Díaz, J. (14 julio 1956). Manifiesto al pueblo hondureño. *El Imparcial*, Tegucigalpa, vol. I.

Luís Paz Leiva (1900-1948) https://ancestors.familysearch.org/en/LL48-GTC/luis-paz-leiva-1900-1948.

Maria Ambrosia Garin Zepeda (1776–1804)•FamilySearch https://ancestors.familysearch.org/en/GQ85-7XL/maria-ambrosia-garin.

Maria de los Dolores Medina Orellana (1828-) FamilySearch https://ancestors.familysearch.org/en/LDBQ-C15/maria-de-los-dolores.

María Francisca Boquin Boquin (1840 - d.) - Genealogy https://www.geni.com/people/María-Boquin-Boquin/6000000181235060881

María Francisca Boquin Boquin (1840 - d.) - Genealogy https://www.geni.com/people/María-Boquin-Boquin/6000000181235060881

Maria Lindo Y Zelaya - Historical records and family trees. *https://www.myheritage.com/names/maria_lindo y Zelaya.*

Maria Tereza Vidaurre, carpeta digital No. 005102237. Guatemala, Catholic Church Records, 1581-1977. https://www.familysearch.org/search/collection/1614809.

Mejía, M. (octubre 2007). Doña Apolinaria. *Al pie de la Letra*, gaceta cultural de la Secretaría de Relaciones Exteriores de Honduras. Tegucigalpa #11.

Mercedes Vidaurre y Molina (b.-1826)-Genealogy https://www.geni.com/people/Mercedes-Vidaurre-y-Molina/6000000018860351982.

Miguel Eusebio Bustamante Lardizabal (1777–1869) - FamilySearch en https://ancestors.familysearch.org/en/L63N-5BF/miguel-eusebio.

Mrs. Poveda (deceased) - Genealogy en https://www.geni.com/people/Mrs-Poveda/6000000046343413882.

Murió el General Tosta. (7 agosto 1930). *Diario El Sol* #1336 año IV. Tegucigalpa

Nota de duelo. (30 enero 1927). *Revista Tegucigalpa* #5 serie 2

Oliva, A. G. de (1996). *Gobernantes hondureños siglos XIX y XX* t I. Tegucigalpa; Universitaria.

Oyuela, L. de (2001). *Mujer, familia y sociedad.* 2ª edición. Tegucigalpa; Guaymuras.

-------------------- (1997). *Dos siglos de amor.* Tegucigalpa; Guaymuras.

Pagoaga, R.A. (1985). *La mujer hondureña bajo el cielo del arte, la ciencia y su influencia social.* Tegucigalpa; Imprenta Calderón.

Paredes, L. (1973). *El hombre del puro.* Tegucigalpa; imprenta Honduras.

Pedro Zelaya Rodezno (1845–1915) •FamilySearch https://ancestors.familysearch.org/en/LDBK-LQP/pedro-zelaya-rodezno-1845-1915.

Revollo, J. (7 de febrero 2021). Una primera dama de Honduras. *Anita Lagos de López Gutiérrez archivos - La Revista* https://www.larevista.cr/tag/anita-lagos-de-lopez-gutierrez.

Rosa, R. (1948). Francisco Ferrera. *Oro de Honduras antología.* Tegucigalpa; Talleres Ariston.

Soto, M.A. (1879). *Mensaje del presidente de Honduras, contestación del Congreso i dictamen de la comisión respectiva*. Tegucigalpa; Tipografía Nacional.

Tiburcio Carías Andino (1876–1969) FamilySearch https://ancestors.familysearch.org/en/LZ1P-RV4/tiburcio-carías-andino...

Tratado Bryan-Chamorro - Wikipedia, la enciclopedia libre en es.wikipedia.org/wiki/Tratado-Bryan-Chamorro.

Trinidad Valentina Bonilla Chirinos (1851–1951) • FamilySearch https://ancestors.familysearch.org/en/21JJ-69N/trinidad-valentina.

Umaña, H. (2000). *Estudios de literatura hondureña*. Tegucigalpa; Guaymuras.

Universidad. (29febrero 1884). *El Universitario No. 25*. Santa Rosa de Copán.

Valladares, P. (1958). En Lucas Paredes *Drama político de Honduras*. México; Editora Latinoamericana, S.A.

Zúniga, M. G. (1950). *Datos biográficos del P.O.D. H. Mason General Terecio Sierra Gr:33*. Tegucigalpa.

NOTAS

[1] "Honduras, registros parroquiales y diocesanos, 1633-1978", database with images, *FamilySearch* (https://familysearch.org/ark:/61903/1:1:QPPX-Y78K: 10 April 2020), Rafael Lopez and Anita Lagos, 15 Apr 1896; citing Marriage, Tegucigalpa, Distrito Central, Francisco Morazán, Honduras, Arquidiócesis de Tegucigalpa (Catholic Church parishes, Archdiocese of Tegucigalpa), Honduras; FHL microfilm 004871928. consultado en agosto 2022.

[2] Anita Lagos Laínez https://ancestors.familysearch.org/en/LB5B-Y63/anita-lagos-lainez-1874 consultado en julio 2022

[3] Julio Revollo. (7 de febrero 2021). Una primera dama de Honduras. Anita Lagos de López Gutiérrez archivos - La Revista https://www.larevista.cr/tag/anita-lagos-de-lopez-gutierrez consultado julio 2022.

[4] Fallece exprimera dama de la Nación. (12 febrero 1960). *Diario El Pueblo* # 3033. Tegucigalpa; en portada.

[5] Rafael Leiva Vivas. (2005). *Diplomacia y literatura en Honduras*. Tegucigalpa; secretaría de Relaciones Exteriores. Pág. 37.

[6] Paulino Valladares citado por Lucas Paredes (1958). *Drama político de Honduras*. México; Editora Latinoamericana, S.A. págs. 278-282.

[7] Juan Alger P. (1995). *Opalinaria (la canción de los ópalos)*. Tegucigalpa; Guaymuras. pág. 85.

[8] Helen Umaña (2000). *Estudios de literatura hondureña*. Tegucigalpa; Guaymuras.

[9] Víctor Cáceres L. (1992). *Gobernantes de Honduras en el siglo 20 (de Terencio Sierra a Vicente Tosta)*. Tegucigalpa; Lit. López. pág. 254-268.

[10] Raúl Arturo Pagoaga. (1985). *La mujer hondureña bajo el cielo del arte, la ciencia y su influencia social*. Tegucigalpa; Imprenta Calderón. pág. 24.

[11] Héctor R. Cortés C. (2 junio 2013). Ana Mateo Arbizú Flores de Guardiola. Revista Yuscarán, ayer y hoy en https://yuscaran-historia.blogspot.com/2013/06/ana-mateo-arbizu-flores consultado en julio 2021.

[12] Esteban Guardiola Cubas (1953). *Vida y hechos del General Santos Guardiola*. Tegucigalpa; Tipografía Nacional. La doctrina del destino manifiesto fue promovida por el presidente James Knox Polk (1795-1849) y apoyada por líderes políticos sureños, mediante la cual, Estados Unidos buscaba expandir su poderío a territorios aún no conquistados del hemisferio occidental por considerarse superiores a los habitantes de estas regiones... (www.ecured.cu Doctrina del Destino Manifiesto) consultada en noviembre 2021.

[13] "Honduras, registros parroquiales y diocesanos, 1633-1978," database with images, *FamilySearch* (https://www.familysearch.org/ark:/61903/1:1:QVRX-9D9J: 6 January 2022), Guillermo Buxchan and Francisca Bustillo, 05 May 1857; citing Marriage, Inmaculada Concepción, Juticalpa, Olancho, Honduras, Arquidiócesis de Tegucigalpa (Catholic Church parishes, Archdiocese of Tegucigalpa), Honduras; FHL microfilm 004709583. consultado en octubre 2022.

[14] Descendencia del matrimonio Bustillo Ayala: Los parientes de Clementina Suárez. *Anales Históricos, La Tribuna, 13 de mayo de 2017*. https://www.latribuna.hn/2017/05/13/descendencia-del-matrimonio-bustilloayala. consultado en enero 2021.

[15] "Honduras, registros parroquiales y diocesanos, 1633-1978," database with images, *FamilySearch* (https://familysearch.org/ark:/61903/1:1:QVRX-9QZL: 10 April 2020), Josefa Rafaela Chirinos in entry for Maria Dominga Chirinos, 28 Aug 1825; citing Baptism, Inmaculada Concepción, Juticalpa,

Olancho, Honduras, Arquidiócesis de Tegucigalpa (Catholic Church parishes, Archdiocese of Tegucigalpa), Honduras; FHL microfilm 004709583. consultado en julio 2022.

[16] Carlos E. Ayes. Cerna (24 julio 2017). *Los descendientes de Manuel Bonilla* en https://leahonduras.com/index.php?option=com_content&view=article&id consultado en julio 2021.

[17] Ramón Rosa. (1948). Francisco Ferrera. *Oro de Honduras antología.* Tegucigalpa; Talleres Ariston. pág. 30

[18] Medardo Mejía. (octubre 2007). Doña Apolinaria. *Al pie de la Letra,* gaceta cultural de la Secretaría de Relaciones Exteriores de Honduras. Tegucigalpa #11, pág. 6.

[19] "Honduras, Registro Civil, 1841-1968," database with images, *FamilySearch* (https://familysearch.org/ark:/61903/1:1:QKDY-R5YR: 3 March 2021), Camila Rodrigues in entry for Miguel Oqueli Rodriguez; citing Birth Registration, Tegucigalpa, Francisco Morazán, Honduras, Archivo del registro civil (Archive of civil registration), Tegucigalpa; FHL microfilm 1,161,710 consultado en mayo 2022.

[20] "Honduras, registros parroquiales y diocesanos, 1633-1978," database with images, *FamilySearch* (https://familysearch.org/ark:/61903/1:1:KXPM-FSX: 10 April 2020), Mercedes Rodriguez in entry for Camila Josefa Rodriguez Rodriguez, 31 Aug 1873; citing Baptism, San Miguel, Tegucigalpa, Francisco Morazán, Honduras, Arquidiócesis de Tegucigalpa (Catholic Church parishes, Archdiocese of Tegucigalpa), Honduras; FHL microfilm 004703297. consultado en octubre 2022.

[21] "Honduras, registros parroquiales y diocesanos, 1633-1978," database with images, *FamilySearch* (https://www.familysearch.org/ark:/61903/1:1:ZXT1-KCZM: 17 July 2020), Mercedes Rodriguez in entry for Miguel Oquelí, 10 May 1884; citing Marriage, Honduras, Arquidiócesis de Tegucigalpa (Catholic

Church parishes, Archdiocese of Tegucigalpa), Honduras; FHL microfilm 005017483. consultado en octubre 2022.

[22] Tratado Bryan-Chamorro - Wikipedia, la enciclopedia libre en es.wikipedia.org/wiki/Tratado-Bryan-Chamorro. consultado en febrero 2022.

[23] "Honduras, registros parroquiales y diocesanos, 1633-1978," database with images, *FamilySearch* (https://familysearch.org/ark:/61903/1:1:KXGB-YH7: 10 April 2020), Leona Josefa Salgado in entry for Damiana Josefa Galves Salgado, 28 Oct 1836; citing Baptism, San Miguel, Tegucigalpa, Francisco Morazán, Honduras, Arquidiócesis de Tegucigalpa (Catholic Church parishes, Archdiocese of Tegucigalpa), Honduras; FHL microfilm 004703294. consultado en julio 2022.

[24] "Honduras, Registro Civil, 1841-1968," database with images, *FamilySearch* (https://www.familysearch.org/ark:/61903/1:1:QP3H-71VM: 1 July 2022), Elena de Jesús Castillo; citing Birth Registration, Tegucigalpa, Distrito Central, Francisco Morazán, Honduras, Archivo del registro civil (Archive of civil registration), Tegucigalpa; FHL microfilm. consultado en julio 2022.

[25] "Honduras, registros parroquiales y diocesanos, 1633-1978," database with images, *FamilySearch* (https://familysearch.org/ark:/61903/1:1:QPJN-CNL1: 10 April 2020), Mauricio Claudio Rosal and Marta Beatriz Carías Castillo, 24 Oct 1937; citing Marriage, Tegucigalpa, Distrito Central, Francisco Morazán, Honduras, Arquidiócesis de Tegucigalpa (Catholic Church parishes, Archdiocese of Tegucigalpa), Honduras; FHL microfilm 005017484. consultado en octubre 2022.

[26] "Honduras, registros parroquiales y diocesanos, 1633-1978," database with images, *FamilySearch* (https://familysearch.org/ark:/61903/1:1:KXG1-P3J: 10 April 2020), Sara Franca de Paula Andino Rivera, 22 Jan 1848; citing Baptism, San Miguel, Tegucigalpa, Francisco Morazán, Honduras, Arquidiócesis de

Tegucigalpa (Catholic Church parishes, Archdiocese of Tegucigalpa), Honduras; FHL microfilm 004703295. consultado en agosto 2022.

[27] Tiburcio Carías **Andino** (1876–1969) FamilySearch en https://ancestors.familysearch.org/en/LZ1P-RV4/tiburcio-carías-andino... consultado en noviembre 2021.

[28] "Honduras, registros parroquiales y diocesanos, 1633-1978," database with images, *FamilySearch* (https://familysearch.org/ark:/61903/1:1:KXPM-CLS: 10 April 2020), Ema Sotera Gutierres Lardizábal, 24 May 1873; citing Baptism, San Miguel, Tegucigalpa, Francisco Morazán, Honduras, Arquidiócesis de Tegucigalpa (Catholic Church parishes, Archdiocese of Tegucigalpa), Honduras; FHL microfilm 004703297. consultado en agosto 2022.

[29] Antonio R. Lagos et. (1927). *Homenaje fúnebre Doctor Policarpo Bonilla*. Ahuachapán, El Salvador; empresa Gutenberg.

[30] Miguel Ángel García. (1947). *Diccionario histórico-enciclopédico de la República de El Salvador*. 1ª edición. San Salvador; Imprenta Nacional. pág. 323.

[31] Francisca Fiallos (1885–1954) FamilySearch en https://ancestors.familysearch.org/en/LCCV-VD4/francisca-fiallos-1885-1954 consultado en agosto 2022.

[32] Murió el General Tosta. (7 agosto 1930). *Diario El Sol* #1336 año IV. Tegucigalpa

[33] "Honduras, registros parroquiales y diocesanos, 1633-1978," database with images, *FamilySearch* (https://familysearch.org/ark:/61903/1:1:QVRF-SRTS: 10 April 2020), Samuel Francisco Bogran Leiva, 24 Jun 1892; citing Baptism, Trinidad, Trinidad, Santa Bárbara, Honduras, Arquidiócesis de Tegucigalpa (Catholic Church parishes, Archdiocese of Tegucigalpa), Honduras; FHL microfilm 004710231. consultado en octubre 2022.

[34] Jesús Planas Zúñiga 1856-1888 - Ancestry®
https://www.ancestry.com/genealogy/records/jesús-planas-zúñiga-24-3401gt2 consultado en septiembre 2022.

[35] "Guatemala bautismos, 1730-1917", database, *FamilySearch* (https://familysearch.org/ark:/61903/1:1:FLZD-DDS: 4 February 2020), Josef Tomas de Zelaya in entry for Joaquina Josefa de Zelaya, 1788. consultado en octubre 2022.

[36] Maria Tereza Vidaurre, carpeta digital No. 005102237. Guatemala, Catholic Church Records, 1581-1977. https://www.familysearch.org/search/collection/1614809. consultado en octubre 2022.

[37] Leticia de Oyuela. (1997). *Dos siglos de amor*. Tegucigalpa; Guaymuras. pág. 57.

[38] "Honduras, registros parroquiales y diocesanos, 1633-1978," database with images, *FamilySearch* (https://familysearch.org/ark:/61903/1:1:QK6V-G5SB: 10 April 2020), Joaquina Zelaya in entry for Maria Josefa del Rosario Zelaya Zelaya, 17 May 1818; citing Baptism, Santa Rosa de Lima, Santa Rosa de Copán, Copán, Honduras, Arquidiócesis de Tegucigalpa (Catholic Church parishes, Archdiocese of Tegucigalpa), Honduras; FHL microfilm 004710193. consultado en agosto 2022. **Nota**: cada hijo está registrado en esta página con sus respectivos nombres.

[39] Josefa Celestina Mijangos Pibaral. Registro Civil de Guatemala en https://www.familysearch.org/es/wiki/Registro_Civil_de_Guatemala registros parroquiales y diocesanos, 1581-1977 consultado en julio 2022.

[40] Emilio Victor Soto Mijangos (deceased) - Genealogy https://www.geni.com/people/Emilio-Soto-Mijangos/6000000043907684143. consultado en octubre 2022.

[41] Rómulo E. Durón (1944). *Biografía del Doctor Marco Aurelio Soto.* Tegucigalpa; Talleres Tipográficos Nacionales. pág.47.

[42] Marco Aurelio Soto. (1879). *Mensaje del presidente de Honduras, contestación del Congreso i dictamen de la comisión respectiva.* Tegucigalpa; Tipografía Nacional.

[43] "Honduras, registros parroquiales y diocesanos, 1633-1978," database with images, *FamilySearch* (https://familysearch.org/ark:/61903/1:1:QVRX-M464: 10 April 2020), Josefa Dolores Victoriana Rodesno Motiño, 02 Apr 1820; citing Baptism, Inmaculada Concepción, Juticalpa, Olancho, Honduras, Arquidiócesis de Tegucigalpa (Catholic Church parishes, Archdiocese of Tegucigalpa), Honduras; FHL microfilm 004709583. consultado en agosto 2022.

[44] Dominga Ayes Bertrand (c.1779 - d.) - Genealogy https://www.geni.com/people/Dominga-Ayes-Bertrand/6000000003493368652 consultado en octubre 2022.

[45] Pedro Zelaya Rodezno (1845–1915) •FamilySearch https://ancestors.familysearch.org/en/LDBK-LQP/pedro-zelaya-rodezno-1845-1915 consultado en julio 2022.

[46] Trinidad Valentina Bonilla Chirinos (1851–1951) • FamilySearch https://ancestors.familysearch.org/en/21JJ-69N/trinidad-valentina... consultado en julio 2022.

[47] Darío A. Euraque. (2001). *El capitalismo de San Pedro Sula. La historia política hondureña (1870-1972).* Tegucigalpa: Guaymuras. 2ª edición.

[48] Homenaje de sus amigos en el aniversario de su nacimiento (7 junio 1916). *Al General don Manuel Bonilla.* Tegucigalpa; Tipolitografía y Foto grabados Nacionales.

[49] Leticia de Oyuela ob. cit. pág. 64.

[50] Maria Lindo Y Zelaya - Historical records and family trees. https://www.myheritage.com/names/maria_lindo y Zelaya. consultado en octubre 2022.

[51] Rómulo E. Durón (1930). *Biografía de don Juan Nepomuceno Fernández Lindo y Zelaya*. San Pedro Sula; Editora Nacional.

[52] Mrs. Poveda (deceased) - Genealogy en https://www.geni.com/people/Mrs-Poveda/6000000046343413882 consultado en agosto 2022.

[53] Genealogía del linaje Guerrero de Arcos en www.bendanaguerrerodearcos.com consultado en julio 2022.

[54] "Honduras, registros parroquiales y diocesanos, 1633-1978," database with images, *FamilySearch* (https://familysearch.org/ark:/61903/1:1:7T7J-B2N2: 10 April 2020), Juana Paula Alcántara in entry for José Domingo Arias Alcántara, 23 Dec 1830; citing Baptism, Caridad, Valle, Honduras, Arquidiócesis de Tegucigalpa (Catholic Church parishes, Archdiocese of Tegucigalpa), Honduras; FHL microfilm 004000188. consultado en agosto 2022.

[55] Alexis A. González de Oliva (1996). *Gobernantes hondureños siglos XIX y XX* t I. Tegucigalpa; Universitaria.

[56] "Honduras, registros parroquiales y diocesanos, 1633-1978," database with images, *FamilySearch* (https://familysearch.org/ark:/61903/1:1:KXGZ-KDL: 10 April 2020), Laura Vigil Lozano, 23 May 1891; citing Baptism, Valle de Angeles, Francisco Morazán, Honduras, Arquidiócesis de Tegucigalpa (Catholic Church parishes, Archdiocese of Tegucigalpa), Honduras; FHL microfilm 004702787. consultado en agosto 2022.

[57] Jorge Bueso Arias. (26 junio 2021). El golpe de Estado de 1956 - *Diario La Tribuna* en https://www.latribuna.hn/2021/06/26/el-golpe-de-estado-de-1956 consultado en agosto 2022.

[58] Julio Lozano Díaz (14 julio 1956). Manifiesto al pueblo hondureño. *El Imparcial*, Tegucigalpa vol. I pág. 5,

[59] "Honduras, registros parroquiales y diocesanos, 1633-1978," database with images, *FamilySearch* (https://familysearch.org/ark:/61903/1:1:QPZ9-YXV4: 10 April 2020),

Lucia Lastiri; citing Death, Tegucigalpa, Distrito Central, Francisco Morazán, Honduras, Arquidiócesis de Tegucigalpa (Catholic Church parishes, Archdiocese of Tegucigalpa), Honduras; FHL microfilm 005017484. consultado en agosto 2022.

[60] "Honduras, registros parroquiales y diocesanos, 1633-1978," database with images, *FamilySearch* (https://familysearch.org/ark:/61903/1:1:KXGB-L48: 10 April 2020), Santos del Valle in entry for Juana Leonor del Valle Lastiri, 22 Jul 1832; citing Baptism, San Miguel, Tegucigalpa, Francisco Morazán, Honduras, Arquidiócesis de Tegucigalpa (Catholic Church parishes, Archdiocese of Tegucigalpa), Honduras; FHL microfilm 004703294. consultado en agosto 2022.

[61] "Honduras, registros parroquiales y diocesanos, 1633-1978," database with images, *FamilySearch* (https://familysearch.org/ark:/61903/1:1:KXGB-T95: 10 April 2020), Pedro José del Valle Salvador, 06 Dec 1824; citing Baptism, San Miguel, Tegucigalpa, Francisco Morazán, Honduras, Arquidiócesis de Tegucigalpa (Catholic Church parishes, Archdiocese of Tegucigalpa), Honduras; FHL microfilm 004703294. consultado en octubre 2022.

[62] "Honduras, registros parroquiales y diocesanos, 1633-1978," database with images, *FamilySearch* (https://familysearch.org/ark:/61903/1:1:QVRX-KW7W: 10 April 2020), Margarita Fiallos Castellano, 24 Feb 1873; citing Baptism, Santa Rosa de Lima, Santa Rosa de Copán, Copán, Honduras, Arquidiócesis de Tegucigalpa (Catholic Church parishes, Archdiocese of Tegucigalpa), Honduras; FHL microfilm 004710194. consultado en agosto 2022.

[63] Universidad. (29febrero 1884). *El Universitario No. 25*. Santa Rosa de Copán. Portada.

[64] "Honduras, registros parroquiales y diocesanos, 1633-1978," database with images, *FamilySearch* (https://familysearch.org/ark:/61903/1:1:2V4C-XW7: 10 April 2020),

José María Martinez and Margarita Cortes, 29 Sep 1820; citing Marriage, Inmaculada Concepción, Comayagua, Comayagua, Honduras, Arquidiócesis de Tegucigalpa (Catholic Church parishes, Archdiocese of Tegucigalpa), Honduras; FHL microfilm 004708142. consultado en agosto 2022. **NOTA**: en el acta de matrimonio se lee Guillén no Cortes.

[65] "Honduras, registros parroquiales y diocesanos, 1633-1978," database with images, *FamilySearch* (https://familysearch.org/ark:/61903/1:1:2V4C-X63: 10 April 2020), Guillen in entry for Felix José Martínez Guillen, 11 Jul 1821; citing Baptism, Inmaculada Concepción, Comayagua, Comayagua, Honduras, Arquidiócesis de Tegucigalpa (Catholic Church parishes, Archdiocese of Tegucigalpa), Honduras; FHL microfilm 004708143. consultado en agosto 2022.

[66] Maria Ambrosia Garin Zepeda (1776–1804)•FamilySearch en https://ancestors.familysearch.org/en/GQ85-7XL/maria-ambrosia-garin. consultado en agosto 2022.

[67] "Honduras, registros parroquiales y diocesanos, 1633-1978," database with images, *FamilySearch* (https://familysearch.org/ark:/61903/1:1:KXGB-2PN: 10 April 2020), Maria Escolastica Herrera in entry for Jose Fernando Antonio Bustamte Herrera, 31 May 1812; citing Baptism, San Miguel, Tegucigalpa, Francisco Morazán, Honduras, Arquidiócesis de Tegucigalpa (Catholic Church parishes, Archdiocese of Tegucigalpa), Honduras; FHL microfilm 004703293. consultado en julio 2022.

[68]. Miguel Eusebio Bustamante Lardizabal (1777–1869) - FamilySearch en https://ancestors.familysearch.org/en/L63N-5BF/miguel-eusebio... consultado en agosto 2022.

[69] Mario A. Bueso Yescas, (1996). *Santa Rosa de Los llanos cuna de la República*. Tegucigalpa; Graficentro Editores. pág. 243

[70] José Antonio de la Milla y Castejón 1810-1871 - Ancestry® en https://www.ancestry.com/genealogy/records/josé-antonio-de-la-milla-y consultado en julio 2022.

[71] Victoriano Castellanos (1 octubre 1862). Al bello sexo de la ciudad de Tegucigalpa. *Gaceta Oficial*. San Salvador, tomo10 No. 95 pág. 2.

[72] "Honduras, registros parroquiales y diocesanos, 1633-1978," database with images, *FamilySearch* (https://familysearch.org/ark:/61903/1:1:414W-TG6Z: 10 April 2020), Terencio Sierra Romero, 23 Nov 1898; citing Marriage, Honduras, Arquidiócesis de Tegucigalpa (Catholic Church parishes, Archdiocese of Tegucigalpa), Honduras; FHL microfilm 004708474. consultado en junio 2022.

[73] "Nicaragua Registro Civil, 1809-2013," database with images, *FamilySearch* (https://www.familysearch.org/ark:/61903/1:1:66DZ-XGRN: 2 September 2022), Carmen Aleman V De Sierra, 19 Feb 1915; citing p, line, Death Registration; Asociación de municipios de Nicaragua (Association of Nicaragua Municipalities), Amunic. consultado en octubre 2022.

[74] Manuel G. Zúniga. (1950). *Datos biográficos del P.O.D. H. Mason General Terencio Sierra Gr:33*. Tegucigalpa. pág. 10.

[75] Enrique Guzmán. (julio-agosto, 1960) Diario íntimo de don Enrique Guzmán. obtenido de *Revista Conservadora* en https://sajurin.enriquebolanos.org/docs/1095.pdf consultado en julio 2021.

[76] "Nicaragua Registro Civil, 1809-2013," database with images, *FamilySearch* (https://www.familysearch.org/ark:/61903/1:1:6ZGH-B9PV: 6 September 2022), Marcelino Sanabria in entry for Brigida Sanabria Aleman, 27 Dec 1944; citing p., line, Death Registration; Asociación de municipios de Nicaragua (Association of Nicaragua Municipalities), Amunic. consultado en octubre 2022.

[77] Enrique Guzmán nota referida por el autor el 18 de octubre de 1902.

[78] Historias que unen: LA TUMBA OLVIDADA DE SIERRA en https://www.latribuna.hn/2017/10/21/historias-unen-la-tumba-olvidada-sierra consultado en agosto 2022.

[79] "Honduras, registros parroquiales y diocesanos, 1633-1978," database with images, *FamilySearch* (https://familysearch.org/ark:/61903/1:1:2V4Z-VXV: 10 April 2020), Felipe Neri Medina in entry for Felis Panfilo Medina Gomes, 13 Oct 1837; citing Baptism, Inmaculada Concepción, Comayagua, Comayagua, Honduras, Arquidiócesis de Tegucigalpa (Catholic Church parishes, Archdiocese of Tegucigalpa), Honduras; FHL microfilm 004708150. consultado en agosto 2022.

[80] "Honduras, registros parroquiales y diocesanos, 1633-1978," database with images, *FamilySearch* (https://familysearch.org/ark:/61903/1:1:QK6V-GGK9: 10 April 2020), Maria de los Dolores Medina Orellana, 07 Nov 1828; citing Baptism, Santa Rosa de Lima, Santa Rosa de Copán, Copán, Honduras, Arquidiócesis de Tegucigalpa (Catholic Church parishes, Archdiocese of Tegucigalpa), Honduras; FHL microfilm 004710193. consultado en agosto 2022.

[81] Maria de los Dolores Medina Orellana (1828–) • FamilySearch https://ancestors.familysearch.org/en/LDBQ-C15/maria-de-los-dolores. consultado en octubre 2022.

[82] "Honduras, registros parroquiales y diocesanos, 1633-1978," database with images, *FamilySearch* (https://www.familysearch.org/ark:/61903/1:1:CB7N-232M: 18 June 2020), Federico Francisco Ferrera; citing Marriage, , Arquidiócesis de Tegucigalpa (Catholic Church parishes, Archdiocese of Tegucigalpa), Honduras; FHL microfilm 004709449. consultado en septiembre 2022.

[83] Francisco Ferrera. (#6 julio 1969). *Anales del Archivo Nacional.* Tegucigalpa. pág. 93

[84] Patricia Castillo C. (2022). *Familias de alcurnia en la historia hondureña, una aproximación histórica-genealógica entre los siglos XVIII y XX.* Tegucigalpa; DEGT-UNAH.

[85] María Francisca Boquin Boquin (1840 - d.) - Genealogy

https://www.geni.com/people/María-Boquin-Boquin/6000000181235060881. consultado en junio 2022.

[86] Céleo Arias (1887). *Mis ideas.* Elección presidencial. Comayagua; Tipografía del Gobierno

[87] "Honduras, registros parroquiales y diocesanos, 1633-1978," database with images, *FamilySearch* (https://familysearch.org/ark:/61903/1:1:KXPM-1M7: 10 April 2020), María Gumersinda Inestrosa Ocampo, 19 Nov 1882; citing Baptism, San Miguel, Tegucigalpa, Francisco Morazán, Honduras, Arquidiócesis de Tegucigalpa (Catholic Church parishes, Archdiocese of Tegucigalpa), Honduras; FHL microfilm 004703297. consultado en julio 2022.

[88] "Honduras, registros parroquiales y diocesanos, 1633-1978," database with images, *FamilySearch* (https://familysearch.org/ark:/61903/1:1:QVR6-BTL4: 10 April 2020), Santiago M B Barnes in entry for Maria Laura Barnes Paredes, 26 Mar 1899; citing Baptism, San Pedro Apóstol, San Pedro Sula, Cortés, Honduras, Arquidiócesis de Tegucigalpa (Catholic Church parishes, Archdiocese of Tegucigalpa), Honduras; FHL microfilm 004709577. consultado en agosto 2022.

[89] Lucas Paredes. (1973). *El hombre del puro.* Tegucigalpa; imprenta Honduras. pág. 106.

[90] "Honduras, registros parroquiales y diocesanos, 1633-1978," database with images, *FamilySearch* (https://familysearch.org/ark:/61903/1:1:QK6V-BTJC: 10 April 2020), María Luisa de Jesús Castro Acosta, 29 Aug 1840; citing Baptism, San Jerónimo, Gualaco, Olancho, Honduras, Arquidiócesis de Tegucigalpa

(Catholic Church parishes, Archdiocese of Tegucigalpa), Honduras; FHL microfilm 004710371. consultado en agosto 2022.

[91] "Honduras, registros parroquiales y diocesanos, 1633-1978," database with images, *FamilySearch* (https://www.familysearch.org/ark:/61903/1:1:ZWC6-PZZM: 10 December 2021), Ponciano De Leiba Madrid, 4 Dec 1823; citing Baptism, , Arquidiócesis de Tegucigalpa (Catholic Church parishes, Archdiocese of Tegucigalpa), Honduras; FHL microfilm 004708447. consultado en octubre 2022.

[92] Luís Paz Leiva (1900-1948) en https://ancestors.familysearch.org/en/LL48-GTC/luis-paz-leiva-1900-1948. consultado en mayo 2022.

[93] "Honduras, registros parroquiales y diocesanos, 1633-1978," database with images, *FamilySearch* (https://familysearch.org/ark:/61903/1:1:CKXD-XVW2: 17 April 2020), José Antonio Marquez in entry for Teresa M Rivera, 3 Mar 1897; citing Death, Cedros, Francisco Morazán, Honduras, Arquidiócesis de Tegucigalpa (Catholic Church parishes, Archdiocese of Tegucigalpa), Honduras; FHL microfilm 005017486. consultado en agosto 2022.

[94] Rómulo E. Durón (1915) *Biografía del presbítero don Francisco Antonio Márquez* escrita para el certamen literario abierto por el Ateneo de Honduras el 4 de abril de 1914, con ocasión de los juegos florales. Tegucigalpa; Tipo Litografía y Fotograbado Nacionales.

[95] Juan Ramón Ardón. (s/f). *Herrera ciudadano de la libertad y de la gloria*. Tegucigalpa; CETTNA. pág.202.

[96] Rubén Antúnez Castillo. (12-18 mayo 1957). El feminismo en Honduras. *Conferencia de educación del Caribe*. San Juan, Puerto Rico. pág. 3.

[97] Rómulo E. Durón. (1965). *Don Joaquín Rivera y su tiempo*. tomo I. Tegucigalpa; Ministerio de Educación Pública.

[98] Ethel García B. (2021). *De una élite regional a una facción política. Rearticulación de las relaciones de poder y configuración de un proyecto nacional en Honduras (1786-1845)*. Tegucigalpa; Guaymuras. pág. 210-211.

[99] "Honduras, registros parroquiales y diocesanos, 1633-1978," database with images, *FamilySearch* (https://familysearch.org/ark:/61903/1:1:2V48-QX4: 10 April 2020), María Victoria Alvarado Buchard, 18 Nov 1892; citing Baptism, Inmaculada Concepción, Comayagua, Comayagua, Honduras, Arquidiócesis de Tegucigalpa (Catholic Church parishes, Archdiocese of Tegucigalpa), Honduras; FHL microfilm 004708150. consultado en octubre 2022

[100] Juan José Fernández. (1919). *La revolución de Oriente*. Apuntes para la historia contemporánea nacional. Tegucigalpa; Tipografía Nacional. pág. 51.

[101] "Honduras, registros parroquiales y diocesanos, 1633-1978," database with images, *FamilySearch* (https://www.familysearch.org/ark:/61903/1:1:QVR6-TZH3: 13 July 2022), Miguel Paz Barahona and Mariana Leiva, 19 Jun 1901; citing Marriage, Santa Cruz de Yojoa, Santa Cruz de Yojoa, Cortés, Honduras, Arquidiócesis de Tegucigalpa (Catholic Church parishes, Archdiocese of Tegucigalpa), Honduras; FHL microfilm 004709573. consultado en agosto 2022.

[102] Nota de duelo. (30 enero 1927). *Revista Tegucigalpa* #5 serie 2, pág. 7.

[103] Renán Martínez citando a Rodolfo Pastor Fasquelle ex ministro de Cultura, Artes y Deportes en la inauguración de la Casa de la Cultura en Pinalejo, Santa Bárbara. en (https://brevesbiografiasliteraturahn.blogspot.com/2011/05/miguel-paz) consultado en abril 2022.

[104] "Honduras, registros parroquiales y diocesanos, 1633-1978," database with images, *FamilySearch* (https://familysearch.org/ark:/61903/1:1:HS36-2XMM: 10 April

2020), Melesia Saldívar in entry for Carlos M Andino, 12 Jun 1938; citing Marriage, San Pedro Sula, Cortés, Honduras, Arquidiócesis de Tegucigalpa (Catholic Church parishes, Archdiocese of Tegucigalpa), Honduras; FHL microfilm 004709582. consultado en agosto 2022.

[105] "Honduras, registros parroquiales y diocesanos, 1633-1978," database with images, *FamilySearch* (https://familysearch.org/ark:/61903/1:1:QVR6-55XZ: 10 April 2020), Miguel Paz Barahona in entry for Ponciano Paz and Rosalina Rodríguez, 16 Jul 1927; citing Marriage, Corazón de Jesús, Puerto Cortés, Cortés, Honduras, Arquidiócesis de Tegucigalpa (Catholic Church parishes, Archdiocese of Tegucigalpa), Honduras; FHL microfilm 004709570. consultado en agosto 2022.

[106] "Honduras, registros parroquiales y diocesanos, 1633-1978," database with images, *FamilySearch* (https://familysearch.org/ark:/61903/1:1:QVRX-PT24: 10 April 2020), Mariana Milla in entry for Jesús María Medina Milla, 25 Mar 1863; citing Baptism, Virgen de las Mercedes, Erandique, Lempira, Honduras, Arquidiócesis de Tegucigalpa (Catholic Church parishes, Archdiocese of Tegucigalpa), Honduras; FHL microfilm 004710206. consultado en agosto 2022.

[107] Víctor Cáceres Lara. (1980). *Efemérides Nacionales*. Tegucigalpa; Banco Central de Honduras. t II.

[108] Era Dominga hija de Pedro Ayes y Dolores Beltrand. Los padres de José María fueron Matías Zelaya y Francisca López.

[109] General Jose Francisco Zelaya Ayes (1798 - 1848) - Genealogy en https://www.geni.com/people/General-Zelaya-Ayes/6000000003493368635. consultado en agosto 2022.

[110] Mercedes Vidaurre y Molina (b. - 1826) - Genealogy

https://www.geni.com/people/Mercedes-Vidaurre-y-Molina/6000000018860351982. consultado en julio 2022.

[111] Josefa Irene Ursula Milla Castejón (1803 - d.) - Genealogy

https://www.geni.com/people/Josefa-Milla-Castejón/6000000018861233743. consultado en octubre 2022.

[112] Rómulo E. Durón (1940). *José Justo Milla estudio biográfico.* Tegucigalpa; Tipografía Nacional. pág. 29.

[113] Mario A. Bueso Yescas, (1996). *Santa Rosa de Los llanos cuna de la República.* Tegucigalpa; Graficentro Editores. pág. 225

[114] Rómulo E. Durón. (1940). *José Justo Milla.* Estudio biográfico. Tegucigalpa; Tipografía Nacional. 62-68.

[115] "Honduras, registros parroquiales y diocesanos, 1633-1978," database with images, *FamilySearch* (https://familysearch.org/ark:/61903/1:1:QPVC-3M68: 10 April 2020), Miguel R Davila and Narcisa Romero, 3 Nov 1894; citing Marriage, Tegucigalpa, Distrito Central, Francisco Morazán, Honduras, Arquidiócesis de Tegucigalpa (Catholic Church parishes, Archdiocese of Tegucigalpa), Honduras; FHL microfilm 004871928. consultado en octubre 2022.

[116] "Honduras, registros parroquiales y diocesanos, 1633-1978," database with images, *FamilySearch* (https://familysearch.org/ark:/61903/1:1:QVR6-85JG: 10 April 2020), Miguel R Dávila in entry for Miguel Rafael Dávila Erazo, 28 Jul 1922; citing Baptism, Inmaculada Concepción, Juticalpa, Olancho, Honduras, Arquidiócesis de Tegucigalpa (Catholic Church parishes, Archdiocese of Tegucigalpa), Honduras; FHL microfilm 004708116. consultado en octubre 2022.

[117] Víctor Cáceres L. (1964). *Fechas de la historia de Honduras.* Tegucigalpa; Tipografía Nacional. pág. 81.

[118] Plutarco E. Castellanos. (24 julio 2017). Don Chico Cruz. *Anales de la historia* https://leahonduras.com/index.php?option=com_content&view=category consultado en julio 2022.

[119] "Honduras, registros parroquiales y diocesanos, 1633-1978," database with images, *FamilySearch* (https://www.familysearch.org/ark:/61903/1:1:CB46-DRW2: 18 June 2020), Nicolasa Aviles in entry for Jose Julian Cruz Aviles, 9 Jan 1843; citing Baptism, , Arquidiócesis de Tegucigalpa (Catholic Church parishes, Archdiocese of Tegucigalpa), Honduras; FHL microfilm 004709449. consultado en octubre 2022.

[120] "Honduras, registros parroquiales y diocesanos, 1633-1978," database with images, *FamilySearch* (https://familysearch.org/ark:/61903/1:1:KXGB-6JY: 10 April 2020), Severina Arbisu in entry for Pedro Jose Bocio Arbisu, 29 Apr 1812; citing Baptism, San Miguel, Tegucigalpa, Francisco Morazán, Honduras, Arquidiócesis de Tegucigalpa (Catholic Church parishes, Archdiocese of Tegucigalpa), Honduras; FHL microfilm 004703293. consultado en septiembre 2022.

[121] Víctor Cáceres Lara (1980) ob. Cit. Pág. 152.

[122] Rafael Leiva Vivas. (2005). *Diplomacia y literatura en Honduras.* Tegucigalpa; Secretaría de Relaciones Exteriores. Pág. 11-13.

[123] Rubén Antúnez Castillo (1967). *Biografía del matrimonio Bográn Morejón,* Tegucigalpa; Editora Nacional.

[124] Leticia de Oyuela. (2001). *Mujer, familia y sociedad.* 2ª edición. Tegucigalpa; Guaymuras. pág. 102.

www.ingramcontent.com/pod-product-compliance
Lightning Source LLC
Chambersburg PA
CBHW070723130626
46553CB00005B/2119